GAOSU GONGLU BIANPO YANGHU GUANLI YU SHIJIAN

高速公路边坡养护管理与实践

王洪涛 等 编著

人民交通出版社股份有限公司
China Communications Press Co.,Ltd.

内 容 提 要

高速公路边坡养护问题事关高速公路运营和人民生命财产安全，日益引起社会的广泛关注。本书依托浙江省多年来高速公路边坡养护管理的实践经验，结合国内外边坡工程理论研究与滑坡灾害防治实践成果，对高速公路边坡安全检查与风险评价、边坡养护与维修、边坡监测与病害整治及边坡养护信息化管理等方面进行了系统总结，较全面地反映了目前高速公路边坡养护管理和生产实践成果。

本书可供公路边坡养护技术领域相关研究人员与管理技术人员参考，亦可供边坡工程勘察、设计和施工技术人员等借鉴使用。

图书在版编目(CIP)数据

高速公路边坡养护管理与实践 / 王洪涛等编著. —北京：人民交通出版社股份有限公司，2014.6

ISBN 978-7-114-11444-1

Ⅰ.①高… Ⅱ.①王… Ⅲ.①高速公路—边坡—公路养护 Ⅳ.①U418

中国版本图书馆 CIP 数据核字(2014)第 113228 号

书　　名：高速公路边坡养护管理与实践
著 作 者：王洪涛　等
责任编辑：丁　遥
出版发行：人民交通出版社股份有限公司
地　　址：(100011)北京市朝阳区安定门外外馆斜街 3 号
网　　址：http://www.ccpress.com.cn
销售电话：(010)59757973
总 经 销：人民交通出版社股份有限公司发行部
经　　销：各地新华书店
印　　刷：中国电影出版社印刷厂
开　　本：787×1092　1/16
印　　张：9.5
字　　数：230 千
版　　次：2014 年 6 月　第 1 版
印　　次：2014 年 6 月　第 1 次印刷
书　　号：ISBN　978-7-114-11444-1
定　　价：68.00 元

序

我国是一个多山国家，山区面积占全国陆地面积的2/3以上，山区高速公路建设常采用深挖高填的形式修筑路基，形成大量的边坡工程，在复杂的地质背景条件下，边坡工程问题越来越突出。除了在勘察、设计和施工阶段应采取必要的工程处理措施外，在高速公路的运营阶段如何对边坡工程进行科学、有效的养护管理已引起高速公路运营管理部门的日益关注。

《高速公路边坡养护管理与实践》一书基于浙江省交通投资集团有限公司从事高速公路边坡养护管理的丰富经验，结合中铁西北科学研究院有限公司等专业单位有关边坡工程理论研究与滑坡灾害防治实践，并吸纳了我国香港地区边坡安全风险管理的理念，源于实践，总结实践，服务实践，由优秀的现场管理人员和行业专家学者联合组织编写，是开展高速公路边坡养护管理与实践工作的技术指引和实用范本。

本书涵盖了边坡养护管理的基本工作流程和实用技术方法，基本反映了我国当前高等级公路边坡养护管理工作的技术特点和发展趋势，其中的一些实践经验总结更为难能可贵。首先，本书创新性地提出了边坡养护管理工程师制度，明确了边坡养护管理工程师的岗位职责和技术要求；其次，本书系统总结了边坡日常养护技术和边坡防护工程的维修方法以及边坡病害专项整治措施和应急抢险工程对策，基本形成了一套较完整的边坡养护技术体系；再次，本书还补充和完善了边坡安全检查制度与安全风险评价方法，为践行边坡安全风险管理提供了一个可行且有效的范本；最后，本书介绍了边坡动态监测与工后评估及信息化管理技术方面的最新研究进展和实践应用情况，对本学科的发展和行业的进步都将是一个积极的推动和提高。

值此出版发行之际，感谢边坡养护管理一线人员为边坡工程专业和交通运输安全所付出的辛勤劳动和不懈努力，相信本书的出版发行将对我国高等级公路边坡养护管理水平的提高起到积极的促进作用。

王恭先

2014年5月

前　言

在高速公路养护管理工作中，边坡养护管理的质量与水平直接影响高速公路的安全畅通。边坡养护管理工作的重点在于保持路基边坡的整体稳定，避免发生边坡坡面冲刷、风化剥落、掉块落石、崩塌坍塌以及滑坡、泥石流等灾害。运用现代养护技术提高边坡养护管理工作的质量和水平，实现边坡养护管理的科学化、规范化和系统化，是高速公路交通运输安全畅通的重要保障。

浙江地处我国东部，素有“七山一水二分田”之称，地形地质条件复杂，高速公路建设难度较大，自1992年杭甬高速公路开建以来，高速公路建设得到了快速发展。截至2013年底，全省高速公路累计通车里程已达3 800余公里，高速公路骨架网基本建成。在已通车高速公路中，山区高速公路里程占了相当大的比例。山区高速公路常常穿越地质环境条件复杂的山地丘陵区，形成大量的路堑边坡工程。在复杂环境因素作用下，随着防护工程功能的退化，边坡技术状况不断劣化，尤其是在台风暴雨等极端天气条件下，极易引发滑坡、崩塌等地质灾害问题，给高速公路安全畅通带来极大的安全风险。因此，及时开展边坡日常检查，定期进行边坡安全风险评价，掌握边坡的安全风险和技术状况，预测其发展趋势，并进行有效的维护管养或抢险加固，已经成为高速公路养护管理的重要工作之一。

浙江省交通投资集团有限公司旗下高速公路里程约占全省高速公路通车总里程的70%，集团公司自成立以来一直高度重视山区高速公路的边坡养护管理工作。从2009年开始，通过加强与国内外具有丰富边坡治理经验的专业单位进行合作，积极探索研究高速公路边坡养护管理技术，先后出台了《高速公路高边坡安全风险检查与评价指引》、《高速公路高边坡巡检管理技术指南》和《边坡防护工程常见病害检查及修复指南》等指导文件，建立了边坡养护管理工程师巡检制度，广泛开展边坡安全风险检查与评价、边坡隐患治理等工作，边坡风险管控取得了良好成效，积累了丰富的实践经验。

为了进一步规范和完善高速公路边坡养护管理工作，加强其系统性与科学性，浙江省交通投资集团有限公司联合中铁西北科学研究院有限公司、浙江省交通科学研究院等单位共同编写了本书。全书共分为六章，分别对高速公路边坡养护检查与安全风险评价、边坡日常养护与维修、边坡监测与病害整治以及边坡养护信息化管理等内容进行了系统总结，较全面地展示了目前高速公路边坡养护管理和生产实践成果。为方便读者，本书还收录了有关边坡安全检查图表、养护管理流程和典型病害整治案例等内容，便于从事高速公路边坡养护管理的技术人员借鉴和参考。

本书由王洪涛任主编，王伟力、吴向阳、廖小平、吴仁平任副主编，参与编写人员还有林豪、詹伟、马玉全、潘春梅、龙森、李志磊、王建松、高和斌、魏土荣、林灿阳等。

限于作者水平，本书疏漏之处在所难免，敬请使用本书的单位和个人多提宝贵意见。

作　者

2014 年 5 月

目　录

第一章　绪论 …… 1
第一节　边坡工程概述 …… 1
第二节　边坡养护概述 …… 7
第三节　边坡养护管理 …… 9
第二章　边坡养护检查与安全风险评价 …… 13
第一节　边坡养护检查 …… 13
第二节　边坡风险管理 …… 21
第三节　边坡安全风险评价 …… 23
第三章　边坡日常养护与维修 …… 32
第一节　养护原则和要求 …… 32
第二节　边坡日常养护 …… 33
第三节　防护设施维修 …… 36
第四章　边坡病害专项整治和应急抢险 …… 50
第一节　边坡病害专项整治 …… 50
第二节　边坡灾害应急抢险 …… 56
第三节　应急抢险工程对策 …… 60
第四节　病害整治典型案例 …… 64
第五章　边坡动态监测和工后评估 …… 70
第一节　边坡动态监测 …… 70
第二节　边坡工后评估 …… 84
第六章　边坡养护信息化管理 …… 87
第一节　边坡养护信息化管理概述 …… 87
第二节　边坡工程养护管理系统 …… 88
第三节　边坡与滑坡防灾减灾决策支持系统 …… 94
第四节　边坡巡检系统 …… 98
附录 A　高速公路土质高边坡检查评价表 …… 104
附录 B　高速公路岩质高边坡检查评价表 …… 118
附录 C　高速公路挡土墙检查评价表 …… 130
参考文献 …… 140

第一章　绪　论

第一节　边坡工程概述

一、边坡定义与分类

1. 边坡定义

边坡是自然斜坡和人工边坡的统称，是人类生存及工程活动中最常见的自然地质环境之一。自然斜坡是在自然界地质环境中经长期演化形成的；人工边坡则是人类为了满足生产、生活的需要，在工程建设过程中对地形地势进行改造形成的。

公路边坡是常见的人工边坡之一，是为满足公路工程建设要求和保障公路路基稳定而在路基两侧按一定坡率填筑或开挖形成的岩土坡面。

边坡的基本要素包括：坡面、坡顶、坡脚、坡体、坡顶线、坡脚线、坡角、坡高、坡长、边坡走向、边坡倾向、边坡断面、边坡立面等。边坡的基本要素如图 1-1 所示。

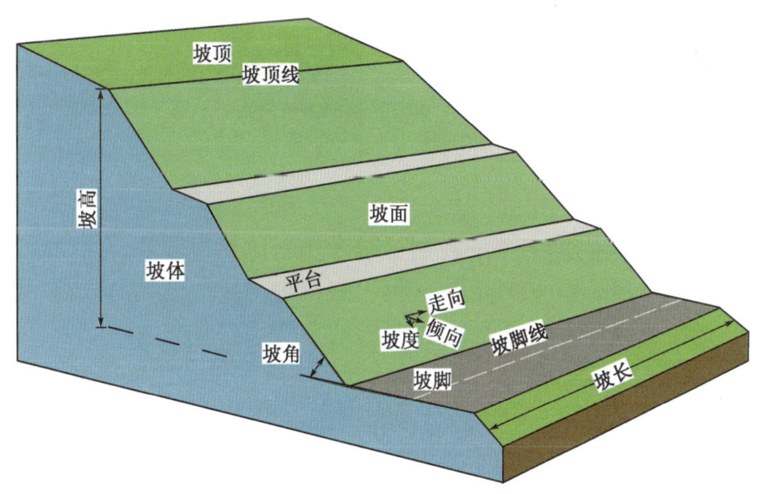

图 1-1　边坡基本要素示意图

2. 边坡分类

边坡一般可以从其物质组成或岩性条件、边坡工程特点或要素、工程类别或研究领域、边坡成因与坡体结构、变形状态与病害性质以及边坡安全稳定状况等方面进行类别划分和界定。分类指标不同，分类方法各异。常见的边坡分类指标和方法可总结如表 1-1 所示。

常见边坡分类

表 1-1

序号	分类指标	边坡类型
1	形成原因	自然边坡、人工边坡
2	行业类别	公路边坡、铁路边坡、水电工程边坡、采矿边坡、建筑边坡
3	建造方式	路堤边坡、路堑边坡
4	物质组成	土质边坡、岩质边坡、二元结构边坡
5	坡体高度	低边坡、高边坡
6	病害性质	崩塌、坍塌、滑坡等
7	稳定程度	稳定边坡、欠稳定边坡、不稳定边坡
8	安全等级	一级边坡、二级边坡、三级边坡
9	风险等级	Ⅰ类边坡、Ⅱ类边坡、Ⅲ类边坡、Ⅳ类边坡

在公路建设和养护管理工程实践中，公路边坡一般根据边坡填挖建造方式分为填方路堤边坡和挖方路堑边坡，如图 1-2 和图 1-3 所示。

图 1-2　路堤边坡

图 1-3　路堑边坡

路堤边坡常分为填土路堤边坡、填石路堤边坡和土石混填边坡等。

路堑边坡根据其坡体组成物质或岩性条件，可以分为土质边坡、岩质边坡和二元结构边坡等三个基本类型。土质边坡即边坡主体由土类物质组成的边坡，一般按土体的成因或种类又可细分为黏性土边坡、黄土边坡、膨胀土边坡、堆积土边坡和填土边坡等亚类，如图 1-4 所示。路堤边坡是一种典型的土质边坡。岩质边坡即边坡主体由岩类物质组成的边坡，一般按岩石的强度又可细分为硬岩边坡、软岩边坡和风化岩边坡等亚类；按岩体的结构特征又可细分为整体块状或巨块状边坡、块状边坡、层状边坡、碎裂状边坡和散体状边坡等亚类，如图 1-5 所示。二元结构边坡亦称土石混合边坡，即边坡主体由土石混合组成的边坡，一般上部为土类物质，下部为基岩，呈典型的土石二元结构特点。

基于边坡高度，可以将边坡分为低边坡、高边坡等。一般认为，土质边坡高度小于或等于 20m 或岩质边坡高度小于或等于 30m 的边坡为低边坡，或称普通边坡，其边坡设计与防护可参考相关规范或手册的经验处理。对于土质边坡高度大于 20m 或岩质边坡高度大于 30m 的边坡，常称为高边坡，其边坡高度因素将对边坡稳定性产生重要作用和影响，边坡稳定性分析和防护加固工程设计应进行个别或特别设计计算。其中边坡高度大于 50m 的边坡常称为超高边坡。由于其边坡高度较大，坡体稳定性普遍较差，在其勘察设计过程中需要慎重对待，确保边坡稳定与安全。针对超高边坡的管理和养护工作，需要重点关注和管控。对于边坡高度大于 100m 的边坡，常称之为特高边坡。由于其特别高陡，安全风险较高，在相关工程建设中一般不宜设计，如无法避免，则需特别重视和研究。

图 1-4　土质边坡

图 1-5　岩质边坡

按照边坡病害性质，边坡病害一般可分为崩塌、坍塌和滑坡等。

按照边坡稳定程度，边坡一般可分为稳定边坡、欠稳定边坡和不稳定边坡。

由于边坡问题的复杂性，边坡稳定具有相对性，结合边坡工程特点，又可将边坡稳定程度划分为稳定、基本稳定、稳定性差或欠稳定和不稳定等四个等级。有时，还可根据工作需要进一步细分为稳定、基本稳定、基本稳定但局部稳定性差、稳定性差、整体稳定性差且局部不稳定和不稳定等六个等级。

按照边坡安全等级，边坡一般可分为一级边坡、二级边坡和三级边坡。

按照边坡风险等级，边坡一般可分为Ⅰ类边坡、Ⅱ类边坡、Ⅲ类边坡和Ⅳ类边坡。在浙江省交通投资集团有限公司《高速公路高边坡安全风险检查与评价指引》中，根据边坡安全风险分数高低划分为Ⅰ类边坡、Ⅱ类边坡和Ⅲ类边坡，并将边坡存在即时安全风险的情况列为Ⅳ类边坡。

二、公路边坡工程

1. 公路边坡常见问题

在公路运营过程中，大量路堑边坡工程处在复杂环境因素作用下，随着防护工程功能的退化，边坡技术状况不断劣化，尤其是在台风暴雨等极端天气条件下，极易引发滑坡、崩塌等地质灾害问题，如图 1-6～图 1-9 所示。

在边坡工程实践中，一般都会面临三类基本问题：一是边坡坡体是否稳定；二是边坡为何产生变形或破坏；三是如何进行边坡防护加固或采取何种工程治理措施。

边坡工程是在边坡场地进行工程建设或改造的工程体系，主要包括物质组成与坡体结构、稳定条件与影响因素、稳定性分析与评价、变形活动状态与成灾规律、防护加固工程对策与安全风险评价等方面的研究和实践。

无论是自然边坡还是人工边坡，边坡的稳定性程度和变形破坏规律均与坡体组成物质及其结构状态直接相关，即边坡岩土体结构特征是边坡稳定性的主要地质基础条件之一。边坡岩土体结构特点主要体现在其不连续性、非均质性、不利结构面控制特性、遇水软化或弱化特性、渐进性破坏特性以及开挖卸荷松弛特性等。

图 1-6　古老滑坡复活

图 1-7　开挖边坡滑坡

图 1-8　路堑边坡崩塌

图 1-9　路堤边坡滑坡

边坡发生变形破坏，要有形成潜在变形、滑动面（带）的条件，在这样的面（带）以上岩土体才可能在重力或者其他因素作用下沿其发生滑动变形和破坏。但是针对边坡的变形破坏而言，这些内部条件仅是必要条件，还必须具备外部条件，即触发因素。引发路堑边坡发生变形破坏的外部条件或触发因素主要为大气降雨、人工开挖等。大气降雨将增加坡面雨水入渗，软化岩土强度，加剧各种动静水压作用；人工开挖则会改变边坡外形，破坏坡体的力学平衡条件，结合其他外因的共同作用，将引发边坡的变形和破坏。因此，边坡失稳产生滑坡等病害变形和破坏的触发因素包括自然触发因素和人为触发因素两个方面。总结自然触发因素主要有：大气降雨、风化营力、河流冲刷、水位升降和地震作用等。归纳人为触发因素主要有：开挖卸荷、坡面堆载、地下采空、爆破振动、灌溉入渗和植被破坏等。

2. 公路边坡常见病害

基于山区高速公路调查研究和相关研究成果，结合边坡工程病害的性质和规模，可总结归纳边坡常见病害包括坡面变形病害、坡体变形病害和防护加固工程结构变形破坏等三个方面，如图 1-10 所示。

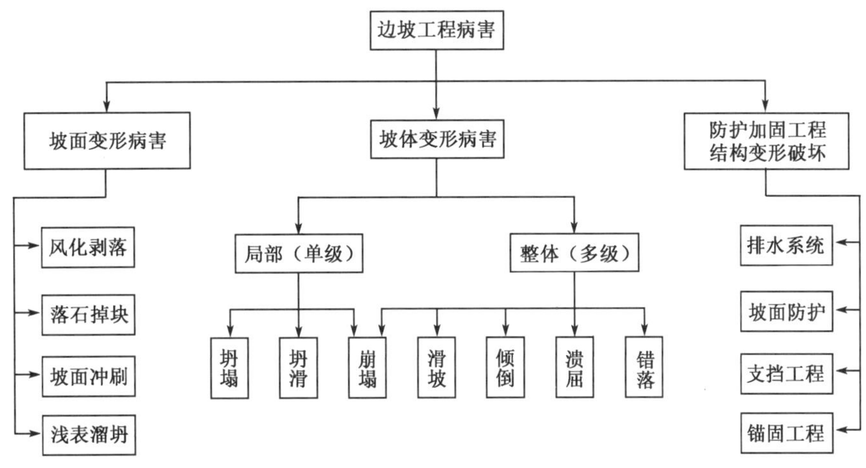

图 1-10 常见边坡工程病害

坡面变形病害一般包括：风化剥落、落石掉块、流石流泥（坡面冲刷）、溜坍等。

坡体变形病害一般包括：崩塌、滑坡、坍塌、坍滑、倾倒、溃屈、错落等。

防护加固工程结构变形破坏一般包括：地表或地下排水设施变形或破坏、坡面防护工程结构变形或破坏、挡土墙等支挡工程变形或破坏、锚固工程变形或破坏等。

3. 边坡防护加固

路堑边坡的防护加固工程技术是在边坡工程地质背景、变形破坏机理和潜在危害及威胁等研究的基础上，结合其稳定性分析与评估结论，对特定边坡工程对象进行防护加固工程方案设计。一般包含防护加固工程设计原则和方法、防护加固工程对策模型以及主要防护加固工程技术等方面的研究与应用。

近年来，随着国家对基础设施投资规模的不断加大，公路交通工程建设迅速发展，山区高速公路、国省道干线公路以及高速铁路等对边坡工程的稳定与安全要求逐渐提高，有关学者和工程技术人员对边坡工程防护与加固技术日趋重视，在其理论研究与工程实践等方面均有长足的进步和发展。

边坡防护加固工程措施根据其工程目的与设计要求可以分为三种主要类型：一类是对于稳定或基本稳定的边坡工程，即边坡基本稳定无问题，仅需对边坡浅表层或局部出现的可能变形破坏采取工程防护措施，可称之为边坡普通防护工程；另一类是对于不稳定或欠稳定的边坡工程，即边坡可能潜在失稳变形和破坏的边坡，需要采取有效的支挡或加固工程措施进行处理，改善边坡的力学平衡条件，确保边坡的稳定和安全，即设计边坡支挡加固工程措施；还有一类就是对于设计边坡存在不稳定因素的情况，主要是针对水对边坡稳定性的作用和影响，即清理不稳定因素，采用防排水等工程措施提高边坡的稳定性，即边坡的防排水工程措施。常见的边坡防护加固工程措施如图 1-11 所示。

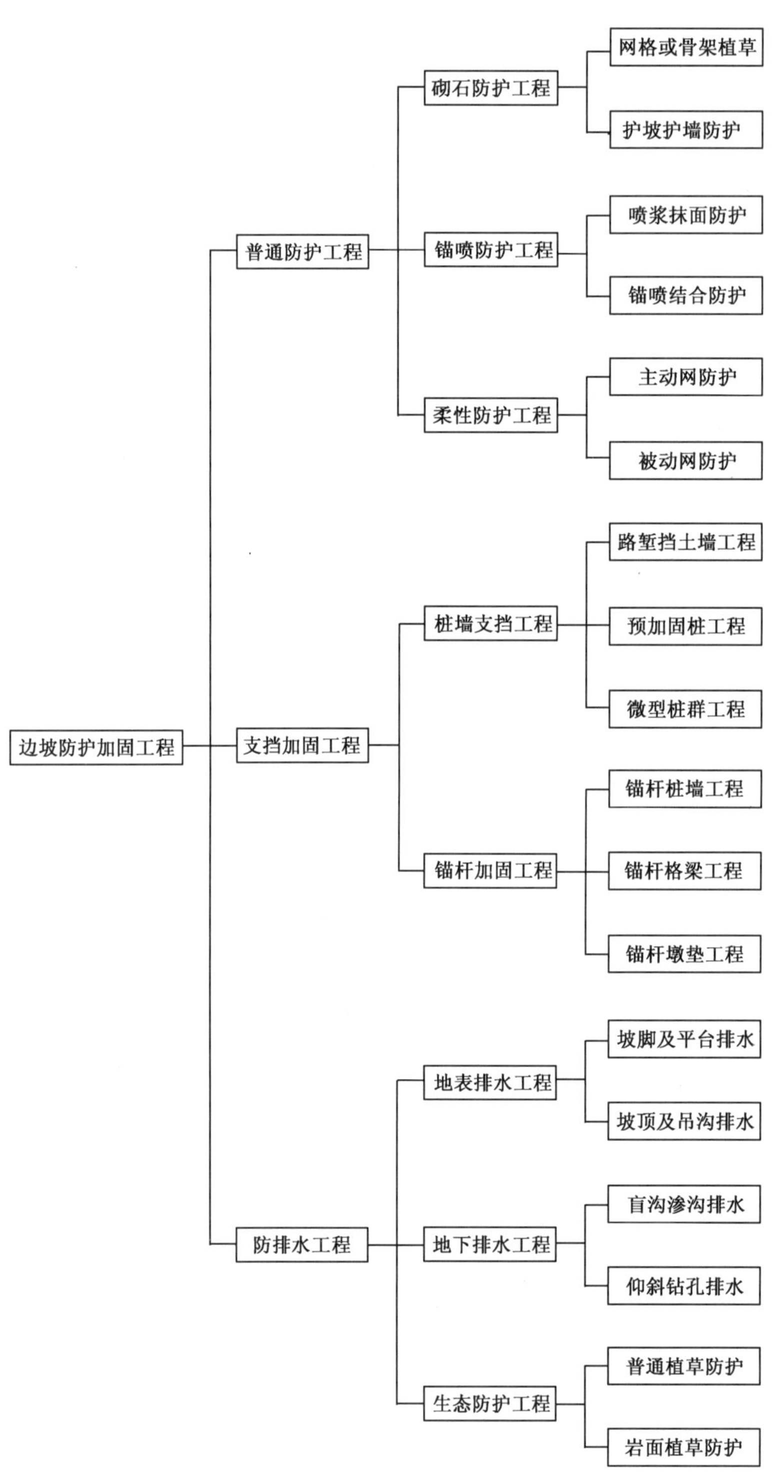

图 1-11　常见边坡防护加固工程措施

第二节　边坡养护概述

一、边坡养护对象和内容

1.边坡养护目的

边坡养护是一项经常性的维护与管理工作，其目的是为了保证边坡及其防护加固设施始终处于坚实和稳固状态，保障公路交通安全畅通。

2.边坡养护对象

一般而言，边坡养护对象主要为坡体、坡面及其防护加固工程设施。其中，坡体范围是指对公路建筑边坡整体稳定性有影响的斜坡段落；坡面范围包括人工边坡坡面和影响区内的自然斜坡坡面；防护加固工程包括排水设施、普通防护、支挡结构和锚固工程等。

3.边坡养护内容

边坡养护包括边坡日常巡检、防护设施维修、边坡专项检查与评价、隐患边坡治理、边坡动态监测及边坡技术管理等内容。

二、边坡养护特点和任务

1.边坡养护特点

公路边坡养护是维护路基稳定和防护结构完好的重要工作，是公路交通安全畅通的可靠保障。高速公路边坡养护工作具有以下显著特点。

1)养护工作的重要性

受目前我国公路建设理念的影响，山区高速公路建设不可避免地造就大量的边坡工程。边坡地质条件的复杂性决定了边坡地质灾害的复杂性、突发性和灾害后果的严重性。近年来，随着我国公路事业的繁荣发展，边坡地质灾害已成为影响公路交通安全的重要因素之一。为维护边坡稳定，保障高速公路的安全畅通和过往驾乘人员的生命财产安全，高速公路边坡安全和养护管理工作日益受到各高速公路经营者的重视。

2)养护工作的复杂性

边坡的稳定性受到边坡岩体结构(包括结构面和结构体)、岩性(主要包括风化作用和侵蚀作用)、边坡破坏的力学因素(如岩体自重力及岩体内物理化学和地球化学作用等在岩体内所产生的应力等)、水、气温、岩体结构面赋存物和地下水化学成分、运营时间、外力扰动等多种因素的影响，不同的边坡类型、不同的运营时段、不同的地理位置对边坡稳定性的影响作用各不相同，且难以预见。

3)养护工作的经常性和及时性

由于高速公路边坡及其防护工程的稳定性受自然环境影响大，随着运营时间的延长，在自然因素如水、温度等的影响下，其使用性能不断劣化；同时在高速公路建设期间，边坡设计和施工中存在的缺陷等也需要通过经常性的养护措施来进行完善。

边坡事故具有时间突发性、后果严重性的特点，特别是在恶劣天气条件下，如暴雨、台风等季节，为保证高速公路边坡良好的技术服务状态，为高速公路营造一个安全畅通的运营环境，需要及时对边坡病害和存在的安全隐患进行维修和整治。否则隐患或病害的进一步扩大，不但会使维修加固费用增加，同时也会造成更大的安全隐患，对过往车辆的安全和驾乘人员的生命构成威胁。

因此，及时检查和分析评价边坡的稳定性和安全性，预测其发展趋势，并及时进行有效的维护管养或抢险加固，这些都将成为高速公路养护管理的重要工作内容。

2. 边坡养护任务

山区公路边坡在设计和修建过程中遇到的地质情况比较复杂，为了行车安全，需要采取的防护措施的种类越来越多，技术也越来越复杂，建成之后如何解决传统边坡防护工程未遇到的养护问题值得深入探讨和研究。

针对复杂的工程背景和环境条件，边坡养护工作需要在日常养护的基础上，分析主要的边坡防护结构养护内容，通过有针对性的及时养护，使边坡长期处于良好的服务状态，最大限度地减少或避免边坡各组成部分损坏，保证一旦损坏能及时修复。同时，提高养护工作质量，防治结合，治理公路边坡存在的病害和隐患，逐步提高边坡的抗灾能力，对原有加固防护不力的边坡进行分期整改，以达到保持边坡各组成部分均处于完好状态的效果，从而保证公路具有安全、快捷、舒适、经济、美观的使用功能。

边坡养护的主要任务和总体目标可以总结如下：

(1)通过定期安全检查与风险评估，及时掌握边坡的技术状况。

(2)通过日常维修养护，维持边坡及结构处于良好的工作状态。

(3)通过开展专项治理，及时消除边坡变形和破坏的安全隐患。

(4)通过推广应用边坡自动化监测，提升边坡的安全预警能力。

(5)通过积极探索边坡信息化管理，提高边坡的养护管理水平。

三、边坡养护工作流程

公路边坡养护是一项复杂和长期的工作，不同的对象、不同的阶段，具有各不相同的目的和内容。同时，边坡养护工作又是一项具有逻辑性和有序性的工作，各工序环节紧密联系。此外，边坡养护工作还是一项循环性和周期性的工作，各期安全目标明确一致。

首先，一个标准的边坡养护工作流程始于日常检查工作，主要目的是检查边坡及其防护设施的完好或缺损状态，发现缺损并经巡检复查确认，需要及时提出小修保养计划，实施边坡日常养护或防护设施维修工作。其次，开展边坡定期检查是边坡养护的重要工作环节之一，主要是采用安全风险评价的方法对边坡进行风险等级划分(必要时结合特殊检查工作)，对于Ⅰ、Ⅱ类边坡，维持日常养护；对于Ⅲ类边坡，原则上应加强安全监测预警工作，若其变形破坏继续发展和扩大，应及时对其边坡病害进行整治；对于Ⅳ类边坡，即边坡存在即时安全风险时，需要应急处置或抢险救灾。经过病害整治或应急抢险处置之后的边坡，应开展工后评估工作，评价其边坡稳定程度及发展趋势，并确定新的安全风险等级，将其纳入正常的边坡养护管理工作流程中。边坡养护工作流程如图 1-12 所示。

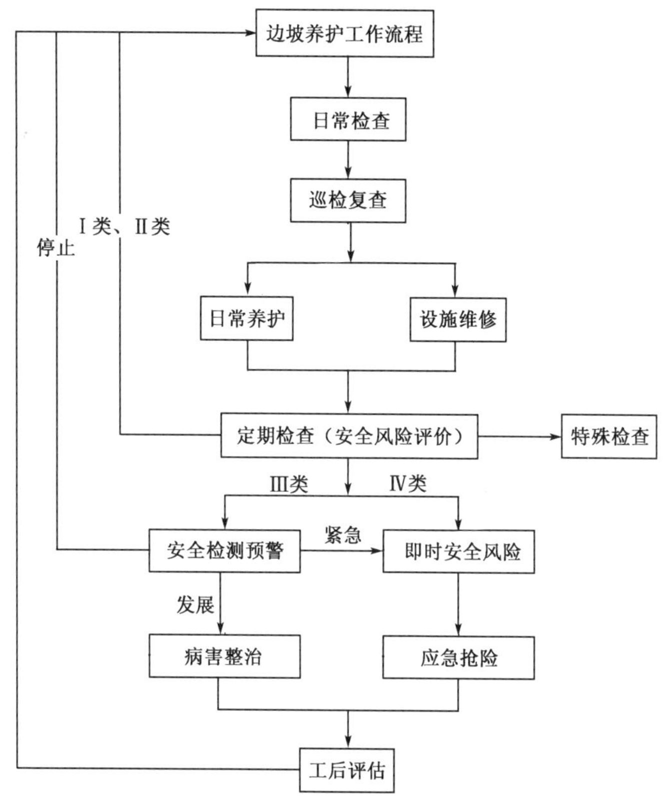

图 1-12 边坡养护工作流程图

第三节 边坡养护管理

一、边坡养护管理工作现状

我国高速公路发展比西方发达国家晚近半个世纪的时间，1988 年上海至嘉定高速公路建成通车，结束了我国大陆没有高速公路的历史。经过二十多年的持续快速发展，已经取得了举世瞩目的成就，目前我国高速公路通车总里程已突破 10 万 km，跃居世界第一位，大大推进了我国公路交通现代化水平，使公路基础设施总体水平实现了历史性跨越，也促进了综合运输体系的进一步发展，并为推动我国国民经济建设和社会主义事业的发展做出了巨大贡献。

随着高速公路建设的快速发展，我国公路边坡工程研究与实践实现了数量和质量的双飞跃，无论是边坡工程的勘察设计，还是边坡工程的施工建设，亦或是边坡病害的整治对策，与国外同行业相比，可以说是毫不逊色，在边坡数量、边坡种类和边坡规模方面更是无人能及。同时，随着设计理念的不断进步和技术手段的稳步提高，环境保护意识也逐渐加强。动态设计、岩土锚固、生态防护等新技术的推广和应用，大大拓展了边坡工程理论体系，提高了边坡工程防护技术水平，增强了边坡工程的安全性和可靠性。但是，在有关边坡岩土与结构试验、工程质量检测、安全监测预警和信息化管理与决策等方面与国外先进水平相比还有一定的差距，特别是在边坡养护管理方面仍需要不断努力、积极完善和逐步提高。

目前，我国还没有针对高速公路高边坡的特点在养护标准方面做出具体规定。交通运输部2009年颁布的《公路养护技术规范》(JTG H10—2009)原则性地提出路基的养护内容和要求，难以满足边坡养护的具体操作和实施要求。建设部2006年颁布的《城市道路养护技术规范》(CJJ 36—2006)仅对城市道路边坡坡表的养护提出了一些原则性的意见。刘建坤主编的《铁路路基养护维修》(中国铁道出版社，2010)中对路基边坡的常见病害与治理提出了一些基本的应对措施方案。

以上相关规范标准及文献关于边坡养护的内容都有提及，但都是概述性质的，并未说明具体的操作措施，无法有效指导边坡养护技术人员进行实际的边坡养护工作，远不能满足高速公路边坡的养护工作需求。因此，有必要对边坡养护工作进行深入研究，进一步总结边坡养护工作经验，细化边坡养护工作内容，完善边坡养护管理工作程序和实施技术方法，弥补当前边坡养护规范的局限或不足，使边坡养护工作做到系统、科学、规范、可行和有效，从而确保边坡的安全运营。

二、边坡养护管理发展趋势

高速公路的养护管理是一项长期性和系统性的工作，国外发达国家向来十分重视高速公路养护管理工作。美国已经形成了比较完善的高速公路养护管理体系，制定了公路维修养护和养护机械的规范，养护作业基本实现了机械化，州际公路(全部是高速公路)平均每60km设置一个服务区，日常养护工作由服务区完成，路面预防性养护及路面翻修养护则由专业养护公司完成。西班牙、瑞典、加拿大等国家公路的养护模式为承包制，将公路养护承包给养护公司，由养护公司对公路养护质量负责。英国则是由地方政府和咨询公司作为养护代理，直接负责干线公路的养护管理工作。法国的公路养护工作由专门为其服务的机械公司负责，机械公司按照法国《道路、机械、维修及航空基地章程》进行管理。德国的公路养护由养护部门负责，其机械化程度高，对于公路的各种构筑物几乎都有相应的养护车。

香港于1977年7月成立了“土力控制处”，并开始介入香港的滑坡问题，到1999年已经建立了较完善的边坡安全管理体系，称为“边坡安全系统”(slope safety system)。该系统具有政策规定、研究和教育的功能，其目标在于降低风险度和提高公众的风险防范意识。

我国台湾地区开发和应用了“公路边坡管理系统”。该系统的特点是规范了边坡编码系统，整合了地理信息系统，建立了崩塌等病害整治对策模式，构建了背景资料、工程建设、维修养护和工程巡检等信息平台，为边坡养护与病害整治提供了基础资料和技术支持。

在我国高速公路边坡养护管理工作实践中，随着管养里程的增加，养护管理工作压力和强度不断加大，过去那种人工报表、人工统计的管理方式已经不能适应现代化管理的要求。有关边坡信息管理系统、监测信息管理系统及地质灾害信息系统等方面的研究，已经取得了一定的成果。但是，对边坡养护管理系统的应用大多以信息管理为主且实际操作性不强，对边坡的养护技术与评估决策研究不够深入，不能满足当前高速公路等高等级公路对边坡养护工作的要求。

因此，加强边坡养护管理工作的系统化、规范化和程序化，提高高等级公路边坡养护管理技术水平，是公路养护管理技术努力和发展的方向。

三、边坡养护管理组织机构

为了充分发挥高速公路养护部门的管理职责与功能，提高边坡养护管理工作水平与效率，以达到边坡稳定与交通安全的最终目标，应科学组织，分层管理，建立高效的组织机构，并明确其相应的管理职责。

1. 机构设置

根据现有高速公路管理模式，边坡的养护管理组织机构一般设有三级，实施主体分别为路段管理单位、基层管理单位、养护承包单位及专业技术单位，参见浙江省交通投资集团有限公司《高速公路高边坡巡检管理技术指南》。

1)路段管理单位

主要是指长度超过 100km、跨区域的公路管理单位，或同一区域内，管理多条高速公路的单位，如高速公路公司、地市级公路管理部门等。

2)基层管理单位

主要是指在一个区域内，管理某一段高速公路的基层公路管理单位，其管理长度一般以 50～100km 为一单位，如高速公路公司下设的管理处等。

3)养护承包单位及专业技术单位

主要是指路段管理单位或基层管理单位采用市场行为委托的第三方专业的具体养护实施单位或技术支持单位，如承担高速公路日常养护工作的专业养护公司、设计单位、咨询单位等。

2. 管理职责

1)路段管理单位职责

制订本路段的边坡养护计划与方案，督促、指导基层管理单位开展各项边坡管理工作，按规定抽检各基层管理单位的检查、维修、处治等工作。

2)基层管理单位职责

负责组织辖区内高边坡的安全检查与风险评价、养护与维修、病害专项整治和应急抢险、动态监测和工后评估等具体工作；负责与养护承包单位及专业技术单位签订各项高边坡管理协议，并按合同管理；按规定实施所辖路段高边坡养护管理工程师巡检工作，复核、抽检外委巡(检)查单位日常巡查、工程师巡检、定期检评、特殊检查及监(观)测等工作。

3)养护承包单位及专业技术单位职责

(1)养护承包单位职责

按有关法律法规要求及合同约定开展边坡安全检查、日常养护与维修、病害专项整治和应急抢险、动态监测等具体工作。

(2)专业技术单位职责

按有关法律法规要求及合同约定开展边坡的定期检评、特殊检查、工后评估、方案设计及技术咨询服务等具体实施工作。

各单位应根据管养实际，配置相应的边坡养护管理工程师及巡(检)查人员，并配置足够的车辆及安全工具。

四、边坡养护管理工程师制度

边坡养护管理工程师制度对专业技术人员从事边坡养护管理工作在学识、能力和水平方面提出了基本要求。建立边坡养护管理工程师制度对提高边坡养护管理技术水平具有重要的导向意义和实用价值，也是适应现代养护技术发展的基本要求。

1.边坡养护管理工程师要求

(1)路段单位承担高速公路边坡具体监管的边坡养护管理工程师应具有五年以上从事边坡养护管理或岩土与地质工作经历，具有工程师及以上技术职称。

(2)基层管理单位或养护单位的边坡养护管理工程师应具有三年以上从事养护管理工作经验，具有助理工程师及以上职称。

(3)路段养护部门应配置一名专职边坡养护管理工程师，基层管理单位及养护单位可根据辖养路段边坡数量或基层机构设置情况配置专兼职边坡养护管理工程师，边坡养护管理工程师数量应满足工作要求。

2.边坡养护管理工程师职责

边坡养护管理工程师在单位行政和技术负责人的领导下具体履行以下职责：

(1)边坡养护管理工程师应按照相关规定及时、全面掌握辖区内边坡的安全风险状况，及时报告边坡安全隐患，协助行政领导采取有效措施，保障边坡运营安全。

(2)主办辖区内边坡养护管理的技术工作，指导基层及边坡养护管理单位边坡养护管理工程师工作，监督、检查边坡养护管理单位边坡巡检人员或边坡养护管理工程师职责履行情况。

(3)提出辖区内边坡养护管理工作计划，并监督实施。

(4)按规定进行复核、抽检、日常巡检、定期检查等边坡评定工作。

(5)提出边坡维修、稳定性评估、专项检查建议，参与制订边坡大中修技术方案和对策措施，并组织审验其科学合理性。

(6)组织边坡专项工程的实施，组织边坡专项工程的中间检查和交(竣)工验收。

(7)负责边坡信息管理系统数据更新，编制年度边坡防控管理报告。

(8)提出辖区内边坡养护管理工程师及有关技术人员技术业务培训建议。

3.边坡养护管理工程师的管理

(1)边坡养护管理工程师实行聘任制。

(2)边坡养护管理工程师应按要求参加上级管理部门组织的边坡养护管理工程师技术培训。

(3)边坡养护管理工程师实行定期培训考核制度(各路公司及养护单位应制定培训、考核相关制度，并落实考核工作)。

(4)单位内多个边坡养护管理工程师应明确职责分工，合理分配管理工作和内容。

第二章　边坡养护检查与安全风险评价

第一节　边坡养护检查

高速公路边坡养护检查包括日常检查、巡检复查、定期检查和特殊检查等检查环节与工作任务。

一、日常检查

日常检查是指徒步(必要时借助绳索等防护用具)辅以锤、望远镜等工具,采用目测的检查方式,对沿线所有边坡进行检查,初步判断各边坡是否存在即时安全风险,以及边坡截排水系统、巡检道、坡面防护等圬工是否需要进行维修工作。每次检查后应及时做好相应的检查记录,对检查中发现的病害及险情应及时上报。日常检查一般由边坡养护承包单位实施。

1.日常检查项目

边坡日常检查主要是对边坡坡面、排水设施、防护结构等工作状况以及边坡病害发育情况进行日常巡视检查,发现缺损问题,及时进行小修保养工作。日常检查工作范围要求下至路基边沟、上至坡顶外侧不少于20m,其主要检查项目包括:

(1)坡面植草防护及绿化检查。

(2)边沟、侧沟、急流槽、平台及堑顶截水沟、坡面泄水孔、坡体排水孔等排水设施的检查。

(3)圬工挡土墙、锚固工程等各种支挡加固结构的检查。

(4)坡面冲刷、掉块落石、局部坍塌等坡面病害检查。

(5)检修道、防护栏等附属设施损坏情况检查。

(6)其他对边坡的稳定和安全不利的情况检查。

2.日常检查频率

边坡的日常检查频率应该根据边坡安全风险等级确定,一般不少于表2-1中所示的检查频率。汛期应加强检查,特别是遇到台风、暴雨等自然灾害性天气,应适当加大对重点边坡或特殊边坡的检查频率。

边坡的日常检查频率　　表2-1

序　号	风险等级	检查频率	备　注
1	Ⅰ类	2月1次	
2	Ⅱ类	1月1次	
3	Ⅲ类	1月2次	
4	Ⅳ类	1周1次	严重时1天1次

3. 日常检查记录

日常检查一般采用巡视目测方法，也可配以简单工具进行测量，当场填写“边坡日常检查记录表”，记录所检查项目的完好状态、缺损情况、影响范围及产生原因等，提出相应的小修保养措施，为编制边坡小修保养计划提供依据。如发现边坡产生明显变形破坏或其防护加固工程结构存在明显缺损，应及时向上级部门提交专门报告。边坡日常检查记录如表 2-2 所示。

边坡日常检查记录表

表 2-2

路段名称：　　　　　　　　　　　　　　　　　　　　检查人：　　日期：

编号					桩号			
方向					评定等级			
序号	巡 检 内 容		位置(对存在问题的对应打“√”)					
			挡土墙	一级坡面	二级坡面	三级坡面	四级及以上坡面	坡顶
1	防排水工程	边沟、平台排水沟、急流槽、截水沟有无堵塞或杂物、开裂、变形						
		坡面泄水孔、深层泄水孔是否堵塞						
2	普通防护工程	护面墙或框格等防护有无裂缝、倾斜、空鼓、变形、滑动、下沉，压顶有无破损，勾缝有无脱落						
		坡面有无漏水、渗水现象						
		基础是否有冲刷或下沉						
3	柔性防护工程	SNS 防护网及被动防护网有无破损						
		网内有无落石兜集						
		锚头或锚固点是否松动或锈蚀						
4	喷浆防护工程	锚喷面有无裂缝						
		锚喷面有无掉块及鼓胀						
		锚喷面有无渗水现象						
5	支挡工程	挡土墙、抗滑桩墙、桩板墙等有无裂缝、倾斜、空鼓、滑动、下沉，压顶有无破损，勾缝有无脱落						
		墙体有无漏水、渗水现象						
		基础有无冲刷或下沉						
6	锚固工程	混凝土外锚墩是否有变形开裂						
		框架是否位移、下错						
		锚垫是否有移动，锚具有无脱落或松动						
		锚头有无积水、锈蚀						
		锚垫板有无生锈						

续上表

序号	巡检内容		位置(对存在问题的对应打"√")					
			挡土墙	一级坡面	二级坡面	三级坡面	四级及以上坡面	坡顶
7	植被防护工程	坡面绿化、植草或防护工程覆盖是否较好，有无局部坍塌或冲空现象						
		坡面有无雨水冲刷痕迹，有无明显渗水现象						
8	边坡病害	坡面及坡顶有无裂缝、危石、冲刷						
		坡面有无坍塌、变形、滑动、隆起						
9	其他	检修道及扶手是否完好，有无破损						
巡查人员签字：			巡查日期：					

4. 日常检查注意事项

(1)日常检查是以人工目测配合简单量测的方式检查边坡表观状况，根据管养路段实际情况，可聘用经过边坡检查知识培训的高速公路沿线村民或委托养护单位成立边坡巡查队进行。建议平均每30处边坡配置不少于2名巡检人员，检查作业应两人一组，保证安全。

(2)日常巡查应携带安全帽、绳索、镰刀、锤子、钢卷尺、照相机、电子巡更棒、记录表，并做好防滑、防摔、防暑、防蛇工作。

(3)日常巡检重点为坡顶、碎落台等部位，着重注意坡顶、坡面有无裂隙，坡面有无明显变形，有无跌落物迹象，对防护体后方山体适度范围进行地表裂缝检查。

(4)如遇台风、暴雨等恶劣天气，应加大对重点边坡的检查频率。遇恶劣天气，边坡的巡查重点由边坡养护管理工程师根据重点边坡情况自行制定。

(5)日常检查记录表一般每星期向边坡养护管理工程师上交一次，发现异常可能危及边坡安全的情况应及时报告。

二、巡检复查

巡检复查是指边坡养护管理工程师采取巡视检查的方式对边坡日常检查工作进行校核和复验，以抽查日常检查工作是否到位，确认日常检查发现的问题是否存在或遗漏，并对发现的问题提出处理意见。

1. 巡检复查项目

边坡养护管理工程师在日常检查工作成果资料和初步结论的基础上，需要采用巡视检查的方式开展验收复核工作，其主要巡检复查范围包括：

1)排水设施的巡检复查

主要抽检复核路堑边沟、平台排水沟、截水沟、急流槽等是否淤积，是否破裂漏水，是否冲刷损毁，沟涵是否相连，排水是否顺畅；沟渠断面和尺寸是否满足排水要求；沟外边坡是否稳定;地表及地下排水设施是否有效。

2)植草防护的巡检复查

主要抽检复核植物的发育状态以及病虫害,地下水及地表水流出状况;草皮护坡有无局部冲空现象;坡面及坡顶有无裂缝、隆起等异常现象;坡面及坡顶的砂土等堆积状况。

3)圬工挡土墙的巡检复查

主要抽检复核挡土墙是否出现裂缝、倾斜、空鼓、变形、滑动、下沉,表面有无风化、压顶破损、勾缝脱落等现象;检查是否有漏水、渗水现象,泄水孔是否有效,基础是否受到冲刷或下沉。

4)锚固工程的巡检复查

对锚杆(索)框架整治的边坡,主要抽检复核被加固的岩土体有无发生变形破坏;检查混凝土外锚墩是否有变形开裂,框架是否有位移、下错;检查锚垫是否有移动,锚具是否松动或脱落;检查框格内是否有积水,锚头是否有渗水、锈蚀,锚垫板是否生锈;检查框架是否有蜂窝麻面等施工"后遗症",当框架出现断梁露筋时,应查明缘由。

5)锚喷防护的巡检复查

主要抽检复核锚喷面是否出现裂缝;检查锚喷面是否出现掉块及鼓胀;检查锚喷锚筋是否出现露筋。

6)柔性网防护的巡检复查

主要抽检复核 SNS 柔性网的锚头是否封闭锈蚀;柔性网内是否存在落石兜集;柔性网是否紧贴坡面;柔性网是否破坏。

7)其他复核检查项目

其他需要复核检查的项目包括:检修道是否设置,是否有破损、变形;日常巡检是否满足要求;日常巡检发现问题后的维修是否满足要求等。

2. 巡检复查频率

边坡养护管理工程师对日常检查发现的问题应在收到报告 10d 内进行现场复核调查。边坡养护管理工程师应采取巡检的方式复核检查日常检查工作效果与质量,巡检复查的频率一般为每季度一次。

边坡养护管理工程师对边坡进行巡检复查的频率也可以根据边坡安全风险等级确定,一般不少于表 2-3 中所示的检查频率。

边坡的巡检复查频率 表 2-3

序　号	风险等级	检查频率	备　注
1	Ⅰ类、Ⅱ类	6 月 1 次	
2	Ⅲ类	3 月 1 次	
3	Ⅳ类	1 月 1 次	严重时随时复查

3. 巡检复查记录

边坡养护管理工程师对边坡巡检复查工作的重点在于对日常检查结果进行复查、检验,以验证日常检查结果与实际是否一致,同时对发现的问题进行重点观察与分析。

边坡养护管理工程师巡检时应按表 2-4 做好相应记录,对发现的问题提出应对措施,并及时向上级主管部门报告。

边坡养护管理工程师巡检应于月底前完成当月计划检查任务，形成书面检查报告，备存并提交至相关管理部门。

边坡巡检复查记录表　　表 2-4

路段名称：　　复查人：　　日期：

边坡编号		边坡桩号、方向	
巡检日期		上次巡检日期	
检查时天气		工程师签字	

对日常巡检的复核：

1. 日常巡检是否满足要求。　　满意/部分满意/不满意

(不满意或部分满意就说明情况)

2. 日常巡检发现问题是否需要工程措施。(打“√”)

日常维修/专项检查/稳定性评价/专项治理

3. 日常巡检发现问题维修是否满足要求。　　满意/部分满意/不满意

(不满意或部分满意就说明情况)

巡查项目	巡查情况		建议措施
	有/无	工作状况	
防排水工程		完好/部分破损、淤塞/严重破损、淤塞	
普通防护工程		完好/部分破损/严重破损	
柔性防护工程		良好/一般/存在隐患	
喷浆防护工程		完好/部分破损/严重破损	
支挡工程		良好/一般/存在隐患	
锚固工程		良好/一般/存在隐患	
植被防护工程		良好/一般/存在隐患	
边坡病害		良好/一般/严重	
检修道等附属设施工程		完好/部分破损/严重破损	
询问事项		核查情况	建议措施
最近有无崩塌			
最近有无冲刷			
最近是否发现裂缝			
最近是否有渗漏			

照片(隐患或需要维修病害的照片)

位置图(隐患或需要维修病害的位置图)

续上表

<table>
<tr><th>建议对策</th><th>计划实施时间</th></tr>
<tr><td>• 是否需进行稳定性评价
• 是否进行特殊检查
• 是否进行日常维修
• 是否提高巡检频率
• 其他建议</td><td></td></tr>
<tr><td colspan="2">实施情况检查(说明实施情况、效果及不足)</td></tr>
</table>

4. 巡检复查注意事项

(1)对边坡的巡检复查工作应以边坡养护管理工程师为主负责完成，边坡养护管理工程师资格应符合有关规定。

(2)巡检应携带绳索、钢卷尺、游标卡尺、铁锤、照相机、望远镜、记录表，必要时携带水平仪、全站仪等仪器。

(3)巡检复查作业应两人一组，注意复核并保障安全。

三、定期检查

定期检查是指以目测结合仪器检查为主，对所有边坡各部位进行一次详细检查，全面评价边坡的稳定程度和风险状态。检查后及时做好相应的检查记录，检查中发现的异常情况应及时报告。

1. 定期检查内容和方法

边坡的定期检查工作是基于风险管理的理念，开展边坡安全风险评估。定期检查一般由边坡养护管理单位组织实施，也可委托专业检测单位承担，或者采用养护单位初查和专业单位复查相结合的方式进行。检评人员要求具备较丰富的岩土与地质专业知识及边坡工程经验。

2.定期检查频率和要求

高速公路建成投入运营后一年内应组织一次边坡定期检查(即边坡安全风险评估),而后每隔三年需要组织一次边坡定期检查。在遭遇特大台风暴雨等极端天气时或者在历经具有破坏性的地震(震级大于3级)后一年内,需要组织一次边坡定期检查。

3.定期检查记录和报告

定期检查一般是按照本章第二节所述的方法和标准进行逐项分级评分,对边坡稳定程度和风险状态进行综合分析评价,并提出相应的防护加固工程结构缺陷修复及边坡病害整治工程措施,为编制边坡养护计划方案提供依据。

定期检查报告应包括以下内容:

(1)各处边坡安全风险等级划分,以及检查路段边坡安全风险分布状态与发展趋势。

(2)目标边坡是否需要开展特殊检查或实施专项治理(含评估、勘察、设计、监测、试验与检测等)。

(3)先前已实施的稳定性评价或治理措施是否足够,自上次稳定性评价或实施治理后,边坡技术状态是否发生了变动,以致影响了该边坡的稳定性。

(4)目前确定的检查频率是否合适,边坡养护管理工程师提出的建议措施是否落实。

(5)其他必要的说明和建议。

定期检查应提交定期检查报告,及时上报和整理归档。

四、特殊检查

特殊检查是指根据日常检查和定期检查所发现的问题视实际需要而进行的特殊性或有针对性的检查。特殊检查一般应组织专业检测单位实施。

1.特殊检查项目

边坡工程特殊检查,或称专项检查,通常是在边坡定期检查工作的基础上,如果发现边坡主体防护加固工程出现重要变形和破损,对其边坡稳定与安全存在显著的作用和影响,则需要对其主体防护加固工程结构的工作状态和缺损情况进行评价,并应充分考虑相关结构设计的合理性和工程施工质量的可靠性,进行边坡稳定性综合分析和评价,得出可靠的评估结论。

特殊检查项目主要包括预应力锚杆(索)工程、挡土墙工程、抗滑桩工程等专项支挡加固工程结构的缺损评估,评估指标主要是检查其相关工作状态、设计质量和施工质量等结构工程稳定与安全的主要影响因素。

除此之外,特殊检查也可以是应急检查或重点复查,如防汛应急专项检查和风险等级为Ⅲ类以上的高风险边坡的重点复查等。

边坡工程防汛检查可分为汛前检查、汛后检查和汛期检查。汛前检查一般侧重当前边坡工程防汛准备情况,督促做好各项防汛准备工作;汛后检查一般侧重总结灾后经验教训、督促落实水毁工程修复、研究修订防洪方案等;汛期检查一般针对具体边坡工程问题进行。

高风险边坡重点复查主要是复核其边坡风险评估的准确性和可靠性,必要时增加工程检测评估工作或补充工程地质勘察，进一步查明边坡病害性质、产生原因、变形范围和体积规模等，详细分析和评价其边坡稳定状态及发展趋势，预测其边坡风险的工程危害和经济损失，并提出有效的风险防控对策。

2.特殊检查频率

对日常检查或定期检查发现边坡存在异常状况或边坡出现变形或变形加大、防护结构出现缺损时，应及时进行特殊检查(必要时开展动态监测、工程检测和专家会诊等)，并提出处治工程对策。边坡工程防汛检查则根据具体高速公路路段防洪特点与要求，可安排在汛前、汛期或汛后进行。高风险边坡重点复查依据边坡安全风险评价结论酌情实施。

3.特殊检查报告

特殊检查之前，应充分收集资料，包括勘察资料、设计文件、施工记录和试验报告等，以及历次特殊检查报告和历次维修资料。原资料如有不全或疑问时，可现场测绘构造尺寸，测试构件材料组成及性能，补充勘察地质与水文情况等。

特殊检查之后应提交特殊检查报告。特殊检查报告包括以下内容：

(1)概述检查的一般情况，包括被检专项工程结构的基本情况，检查的组织、时间、背景和工作过程等。

(2)当前被检专项工程结构技术状况的描述，包括现场调查、试验与检测项目及方法、检测数据与分析结果和被检专项工程结构技术状况评价等。

(3)详细阐述检查部位的缺损程度及原因，并提出有关结构部件和总体的缺损修复、补强加固工程方案。

4.预应力锚杆(索)工程专项检查

预应力锚杆(索)工程是边坡加固或滑坡治理的主体工程措施之一，由于受边坡或滑坡地质环境背景复杂、锚杆(索)工程施工条件局限或锚固工程作用重要等因素影响，预应力锚杆(索)工程质量与工作状态决定边坡稳定与安全或滑坡治理工程的成败，特别是其预应力长效性问题尤其重要。除了施工期应检测预应力施加质量与效果之外，在预应力锚杆(索)工程运行较长一段时间之后，应进行预应力锚杆(索)工程的专项检查工作。

1)锚固工程检查内容

预应力锚杆(索)工程检查主要包括外锚头防腐检查与预应力状态检测。外锚头防腐检查一般可采用无损开拆锚封直接查看的方法，需要检查锚头腐蚀情况、腐蚀环境和防腐条件等。预应力状态检测一般可采用快速预应力检测方法，需要对比设计预应力参数，检查预应力损失或增长状况，必要时还应进行锚固抗拔力检测和锚筋长度检测等。

预应力锚固工程专项检测结果汇总表如表2-5所示。

2)锚固工程检查注意事项

(1)对锚杆(索)整治的高危边坡工程，应定期进行检查，雨季要及时检查，如发现被加固的岩体变形破坏，应及时查明原因。

(2)检查混凝土外锚墩是否有变形开裂，若有应及时采用高强水泥加固维修，使外锚墩处于良好状态。

预应力锚固工程专项检测结果汇总表　　表 2-5

路段名称			检查人		日期		
边坡编号			线路走向		位　置		
起讫桩号			区段长度		坡高(m)		
锚固类型		孔数(个)		长度(m)		预应力(kN)	
检测结果							
锚筋长度	抽样数	合格率	最大偏差	最小偏差	平均偏差	结论	建议
预应力	抽样数	严重损失 -50%以上	应力损失 -50%～-20%	正常值 -20%～+20%	应力超限 +20%～+50%	严重超限 +50%以上	结论
外锚头	抽样数	合格率	锚垫歪斜	锚具腐蚀	锚具开裂	筋材锈蚀	结论

(3)检查锚垫是否有移动，锚具有无脱落，若有应及时更换维修，使锚杆(索)处于良好的工作状态，平时对锚垫、锚具应经常进行除锈维修，防止松动。

(4)检查锚头是否有渗水、锈蚀现象，若有应及时排水至干净，并封堵水源，然后进行除锈、防腐处理。

(5)检查锚垫板是否生锈，若有应除锈并采用专用油漆。

(6)检查锚固段是否设在有机质土中，若在有机质土中，会引起锚杆(索)的腐蚀破坏；如液限大于 50%，会引起明显的徐变而导致锚固力不能长期保持恒定，应对土质进行监测。

(7)对检查和检修情况，应做好工程施工档案备查。

第二节　边坡风险管理

一、风险管理概念

风险管理是一个优先处理排序的过程，即将其中可能造成最大损失或者最可能发生的事情最优先处理，而对造成损失相对较小或发生可能性相对较低的事情依次延后处理。

首先，风险管理必须识别风险。风险识别是确定何种风险可能会对研究目标产生影响，最重要的是量化不确定性的程度和每个风险可能造成损失的程度。

其次，风险管理要着眼于风险控制，通常采用积极的措施来控制风险。通过降低其损失发生的概率、缩小其损失程度来达到控制目的。控制风险的最有效方法就是制订切实可行的应急方案，编制多个备选的方案，最大限度地对研究目标所面临的风险做好充分的准备。当风险发生后，按照预先的方案实施，可将损失控制在最低限度。

再次，风险管理要学会规避风险。在既定目标不变的情况下，改变方案的实施路径，从根本上消除特定的风险因素。

引入风险管理概念对降低损失具有非常现实的指导意义。边坡工程安全风险管理是基于工程经验和现场调查，采用合理的方法辨识边坡各阶段风险因子，分析主要风险因子作用方式及影响程度，建立相应的评价模型，对风险因子引发边坡灾害事故的可能性及其后果做出合理的判断，最终评价边坡工程安全风险，由此制订相应风险控制策略，将边坡风险控制在可接受范围内的过程。

二、风险因素识别

风险识别是指在风险事故发生之前，运用各种方法系统地、连续地认识所面临的各种风险以及分析风险事故发生的潜在原因，是风险管理过程中基础的一步。只有在正确识别出自身所面临的风险的基础上，才能够主动选择适当有效的方法进行正确的处理。

风险识别一方面可以通过感性认识和历史经验来判断，另一方面也可通过对各种客观的资料和风险事故的记录来分析，进行归纳和整理以及必要的专家访问，从而找出各种明显和潜在的风险及其损失规律。

风险具有可变性，因而风险识别是一项持续性和系统性的工作，要求风险管理者密切注意原有风险的变化，并随时发现新的风险，不断对潜在风险体系进行反馈和更新。

总结分析边坡工程风险事故与实践，其风险因素主要来源于边坡潜在失稳产生滑坡的易发性因素、边坡病害发育严重程度的危险性因素和边坡破坏产生滑坡等地质灾害对高速公路设施和行车安全的易损性因素等三个方面。

三、风险评价方法

风险评价是在风险识别、风险估测的基础上，对风险的影响进行定性或定量的分析，从而找到该项目的关键风险，为重点处理这些风险提供科学依据，同时确定采取何种风险控制方法更经济、可行。风险评价为风险处理方法的选择提供基础资料。

在项目实施过程中，会出现各种不确定性，这些不确定性将对项目目标的实现产生积极或消极的影响。项目风险分析就是对将会出现的各种不确定性及其可能造成的各种影响和影响程度进行恰如其分的分析和评估。通过对那些不太明显的或不确定性因素的关注，揭示其风险影响程度，对潜在风险进行分析，采取相应的对策，从而达到降低风险的不利影响或减少其发生的可能性的目的。

对已经识别和分类的风险，可以采取不同方式进行分析和评估。目的是量化风险因素的不确定性，运用概率的原理去分析评估风险发生的可能性和可能出现的后果。评估方法可以从定性和定量两个方向来量度。

定性的方法是直接用文字描述风险因素对目标影响的程度，如“轻微的”、“有点影响的”、“严重的”、“非常严重的”和“灾难性的”等级别，以便识别管理。

定量方法与定性方法相似，但对事件的后果是用成本来衡量的，即用实际意义的数量描述，因而风险可以表达如下：

$$R = f(p,q)$$

式中：R——风险量值；

p——风险发生的概率；

q——风险发生后造成的损失或获利的价值。

在这种定量方法模式中，p 和 q 的计算都是通过对大量已完成的类似项目的数据进行分析和整理获得的，或通过一系列的仿真及预测得到。可采用期望值法、蒙特卡罗分析法、德尔菲法(专家打分)、敏感性分析法和决策树法等,以量化项目蒙受风险的程度,并可确定应特别重视的风险,从而制订相应的风险应对措施。

风险定量分析及评估,一般都在风险定性分析排出优先级的风险之后进行,风险定性分析和风险定量分析过程可以分别进行,也可结合进行。

在确定风险应对计划后,风险定量分析要再次进行,以确定项目总风险已经减少到满意程度,重复风险定量分析,其结果趋势可指示需要增加或减少风险管理措施。

对于边坡或滑坡的风险管理,我国香港地区首先引入定量风险评价技术。总体来说,量化风险分析(QRA)主要回答以下问题:

(1)何种原因引起灾害?即边坡或滑坡灾害风险的识别问题。

(2)发生的频率有多高?即边坡失稳的频率问题。

(3)失稳的后果有多大?即边坡失稳后果的影响问题。

(4)如何接受灾害风险?即灾害风险的接受问题。

(5)如何应对灾害风险?即灾害风险的管理问题。

四、边坡风险管理

1.边坡风险管理目的

随着我国山区高等级公路建设的快速发展,边坡工程数量不断增多,在各种不利环境因素和极端天气作用下,其力学性能弱化,结构功能退化,使得边坡失稳发生滑坡等灾害事件频频发生。边坡工程项目结构复杂、投资大、工期长,特别是要历经长期的运营考验,具有很大的随机性,风险的产生成为必然,每年由此造成的损失巨大。

分析边坡失稳的主要影响因素,对正确评价边坡的稳定性、采取相应有效的边坡加固治理措施具有重要的现实意义。要想改变目前的困境,就必须引入风险管理理念,加强风险管理意识,执行风险管理技术,落实风险管理措施,从而提高组织运作的完善性。风险管理理论的运用也是减少此类事件造成经济损失的有效途径。

边坡风险管理是高速公路边坡养护管理部门用以降低边坡安全风险的决策过程,通过边坡安全风险识别和风险评估,选择风险管理技术,对边坡安全风险实施有效控制并妥善处理风险所致损失,从而以最小的成本收获最大的安全保障。

2.风险管理对象、内容和目标

边坡风险管理的对象是边坡变形破坏产生边坡地质灾害,危害交通运营安全的风险。

边坡风险管理的内容包括边坡安全风险识别、边坡安全风险评估和边坡安全风险管理等。

边坡风险管理的目标是以最小的边坡养护管理成本收获最大的高速公路运营安全保障。

第三节　边坡安全风险评价

边坡安全风险评价是根据边坡工程时空分布特征及其地质灾害特征,结合现场情况进行分析,对边坡灾害可能导致的人员伤亡、财产损失程度与危害范围等方面进行综合风险计算,从而为边坡工程日常养护、边坡灾害防治措施的确定、边坡灾害事故应急方案等提出建设性意见的一种边坡稳定与安全状态评价方法。

浙江省交通投资集团有限公司针对边坡安全风险评价已开展了相关的研究工作，会同辉固(香港)工程顾问有限公司、中铁西北科学研究院有限公司和浙江省交通科学研究院等单位，共同开展了高速公路高边坡安全风险检查评价研究，并发布了《高速公路高边坡安全风险检查与评估指引(试行)》，对已投入运营的高速公路高边坡安全风险评价具有较好的针对性和可操作性，有效推进了高速公路高边坡安全检评工作的科学化和规范化。

一、风险影响因素

高速公路高边坡安全风险评估包括稳定性评估和滑坡后果评估两部分内容，因边坡坡体材料的不同，分为土质边坡、岩质边坡和挡土墙三种类型。

1.边坡稳定分数的影响因素

影响边坡稳定性评估的主要因素中，土质边坡包括5类9个因素，岩质边坡包括6类11个因素，挡土墙包括8类11个因素，详见附录A、附录B、附录C各种类型边坡/挡土墙的稳定性主要影响因素及其说明和附图。

下面对稳定性分数的主要影响因素进行介绍。

(1)边坡断面几何特征：主要包括边坡有效高度、边坡的平均角度θ、土质边坡的几何特征分类等，详见附录A、附录B、附录C中A项对应内容及土质边坡附图1、附图2。

(2)地表水渗入及地下水的分布。

(3)破损情况：包括坡顶的张拉裂缝、排水沟及检修道变形、护面开裂和变形、挡土墙的墙体变形等。

(4)岩质边坡破坏模式：如风化剥落、崩塌、倾倒、平面破坏、楔体破坏等。岩质边坡的破坏模式主要由各种软弱结构面的产状决定，检查人员应根据坡体岩石结构面的产状来判断岩质边坡的破坏模式，详见附录B岩质边坡检查评估表及说明。

(5)岩体状况：如不连续面间距和发育程度(反映岩石的破碎情况)以及结合程度(粗糙程度、充填物及张开度)等，这些因素的好坏很大程度上决定了岩质边坡的稳定情况，检查人员应在现场详细检查岩体状况以做出合理判断，详见附录B岩质边坡检查评估表及说明。

(6)坡体材料：坡体组成物质，包括土质(土质边坡)、岩质(岩质边坡)、二元结构边坡等。对于碎裂结构岩质边坡，宜按土质边坡进行风险评估。

(7)以往发生的滑坡：指边坡坡体以往发生的滑塌，不包括边坡的表面用以植草所需的客土的冲刷等非坡体的滑塌。边坡以往发生的滑坡反映了边坡以往的稳定状况，检查人员应详细收集边坡以往的滑坡信息，以便对边坡的稳定性做出合理判断。若对以往发生的滑坡采取了有效的补强加固措施，此项取值为0。

(8)坡顶、坡脚地形特征：指坡顶以上地形倾角、坡脚以下地形倾角等。因目前高边坡安全风险检评所涉及的是人造边坡，但人造边坡上下不同的自然地形(自然边坡)会对人造边坡的稳定造成不同的影响，因此应予以充分考虑。

(9)已有加固措施：工程师进行现场判断是否曾进行过加固。在高边坡安全风险检评中，加固工程是指对边坡进行过的预应力锚杆(索)、非预应力锚杆或土钉、SNS 防护网＋系统锚杆等以提高边坡稳定安全系数为目的的工程措施，而日常养护所进行的生态植草、框格植草、挂网植草、喷浆防护、护面墙等只能作为边坡的护面措施，这些护面措施不能从根本上提高边坡的稳定安全系数，因此，它们只能算作边坡护面，不能视其为边坡的加固措施。

2. 滑坡后果分数的影响因素

影响边坡滑坡后果分数的主要因素共分四类，详见附录 A、附录 B、附录 C 各种类型边坡/挡土墙的滑坡后果分数影响因素及其说明。

下面对滑坡后果分数的主要影响因素进行介绍。

(1)坡顶(坡脚)建筑物/构筑物类型及距离：坡顶(坡脚)建筑物重要性等级越高，距离坡顶(坡脚)的距离越近，则发生滑坡时造成的滑坡后果越严重。高速公路高边坡的坡脚基本为高速公路，高速公路的等级与分值除了与车流量有关外，需要考虑的更为重要的因素是此公路若发生滑坡，是否有同等标准、距离相近的公路来代替。若有可以代替的公路，则原公路的运输车辆因改道而不会受到很大影响，相应项的分值可取低值；若不存在可以替代的公路，则无论其车流量的多与少，相应项的分值应取大值。

(2)滑坡规模：滑坡体积的大小。可能产生的滑坡体积越大，则发生滑坡时造成的滑坡后果越严重。滑坡规模是影响滑坡后果分数的一个重要因素，在可能的情况下，应尽可能多地收集有关滑坡规模的信息，对滑坡规模进行合理判断，进而选取合适的滑坡规模系数以提高评估边坡风险分数的准确性。

(3)滑坡后果系数：判断滑坡是否会造成严重人员伤亡、财产损失，以及是否会引起严重的交通堵塞。系数越大，表示后果越严重。

二、风险评估标准

高速公路高边坡安全风险采用风险分数 *RS*(Risk Score)来表示边坡安全风险程度的相对高低。

高速公路高边坡安全风险评估包括稳定性因素 *IS*(Instability Score)评估、滑坡后果影响因素 *CS*(Consequence Score)评估和归一化因子 *F*(Normalization Factor)三个部分。高速公路高边坡安全风险分数 *RS* 按下式计算：

$$RS = F \times TS = F \times IS \times CS$$

RS：高边坡安全风险分数(Risk Score)，*RS* 评价得分越高，表明边坡的安全风险越大。

TS：总分数(Total Score)，$TS = IS \times CS$。

IS：稳定性分数(Instability Score)，根据影响边坡稳定性的因素进行量化评估计算得到的分数。不同类型的边坡，影响其稳定性的因素有所不同；同样的影响因素对不同类型边坡的影响程度也有所不同。*IS* 应根据不同边坡类型(土质边坡、岩质边坡、挡土墙)按附录 A、附录 B、附录 C 计算。

CS：滑坡后果分数(Consequence Score)，根据边坡发生滑坡的影响后果严重程度进行量化评估计算得到的分数。*CS* 应根据不同边坡类型(土质边坡、岩质边坡、挡土墙)按附录 A、附录 B、附录 C 计算。

F:归一化因子(Normalization Factor),根据浙江省高速公路高边坡安全风险评估工作经验,可以参考表 2-6 取值。

归一化因子 F 的取值　　表 2-6

边坡类别	土质边坡	岩质边坡	挡土墙
F	0.21	0.20	0.10

三、边坡风险分类

根据风险分数 RS 的大小,按表 2-7 将边坡安全风险分为四类。

高速公路高边坡安全风险分类标准　　表 2-7

类别	Ⅰ	Ⅱ	Ⅲ	Ⅳ
RS	≤45	>45,≤60	>60	
边坡技术状况描述	整体状况良好	整体状况较好	整体状况差	存在即时失稳或破坏危险
养护对策	日常巡查与养护	适当监测与巡查	需进行详细稳定性研究并根据需要采取加固措施	及时进行处理

四、边坡风险调查

1. 调查内容

土质边坡、岩质边坡及挡土墙的风险调查表详见附录 A、附录 B、附录 C。边坡调查包括基础信息收集和现场信息调查两个方面内容。

(1)边坡基础信息包括但不限于:边坡断面几何特征;岩体状况、地质构造特点;地下水发育状态与分布规律;边坡防护加固工程措施;边坡地形地貌条件;坡体结构类型。

(2)边坡现场信息调查包括但不限于:地表水渗入情况;截排水系统破损情况;坡面冲刷情况;坡体或防护工程破损情况;滑坡或病害发育历史情况;坡顶、坡脚地形特征;坡顶或坡脚的建筑物/构筑物及距离。

2. 调查方法

1)资料收集

边坡检查前,检查人员应从边坡管养单位详细收集边坡的有关资料并为现场检查工作做好准备。应收集的资料包括但不限于:区域地质和水文地质资料、测量图等;边坡的调查、养护、检测和监测资料;边坡勘察资料、设计和施工文件;已有加固措施的勘察、设计和施工文件以及养护记录。

2)边坡编号

检查人员对所检查的边坡进行统一编号,编号原则应遵从业主要求或历史习惯。

3)现场检查

检查人员应参照检查表格的说明和附图并根据收集到的边坡/挡土墙的基本资料(若有)，在现场认真仔细地检查记录边坡目前的状况并填写检查表格。

现场检查时，检查人员应详细记录和描述边坡病害和缺损的部位、面积(数量)、程度等，对于明显的缺损、渗流(或痕迹)、坡脚堆积物、排水沟堵塞淤积、不稳定松散岩块、挡土墙变形与位移、坡面冲刷、风化剥落、落石掉块、崩塌、防护工程/支挡工程/锚固工程现状等，应拍照留存。若有必要，现场检查的草图(包括必要尺寸和标注)也要附在检查表格中。

4)数据录入

检查人员应将现场检查表格的人工记录数据录入电子版的检查表格，电子表格将自动计算每个边坡/挡土墙的量化得分 *IS*、*CS* 和 *TS*。

3. 调查流程

由于制约边坡稳定性影响的因素众多，且内外环境复杂多变，因此，边坡的安全风险管理是一个根据现场反馈信息不断调整风险因子项目、评价结果以及项目风险等级的动态过程。图 2-1 描述了边坡风险调查的基本流程。

五、风险评估要点

1. 边坡安全风险评分

检评人员应根据本节评价原则和方法及附录逐项对影响边坡稳定性和滑坡后果影响因素进行评分。

2. 二元结构边坡评分

对二元结构边坡，应对上部土质边坡和下伏岩质边坡分别按附录 A、附录 B 进行单独的风险评估，取其单独风险分数 *RS* 的大值作为此二元结构边坡的风险分数 *RS*。

3. 既有加固工程评分

对已有加固工程，检查人员在充分收集资料和现场检查的基础上按表 2-8 取值。

4. 岩质边坡破坏模式

岩质边坡的破坏模式评估应考虑以下因素：

(1)若同一岩质边坡的不同断面的破坏模式不同，则每个断面都要给出一套单独、完整的 *RS* 评分，选其中大的 *RS* 作为此边坡的 *RS*。

(2)岩质边坡不同破坏模式所对应的 B 项取值范围为 0.5～5.0。

(3)在实际操作过程中，若边坡的破坏模式确实难以确定，可选择岩质边坡评估表中的 B5 项，即 B 项取值为 4.0。

(4)如可能，检查人员应检查边坡上或附近的裸露岩石以收集岩石边坡软弱结构面数据来准确评定破坏模式。如发现一些如 B3 第 1 类的边坡或者 B4 第 1 类和第 2 类的边坡，那么此边坡的 *IS* 便可降低，相应的风险分数 *RS* 也会随之降低，减少不必要的详细稳定分析。

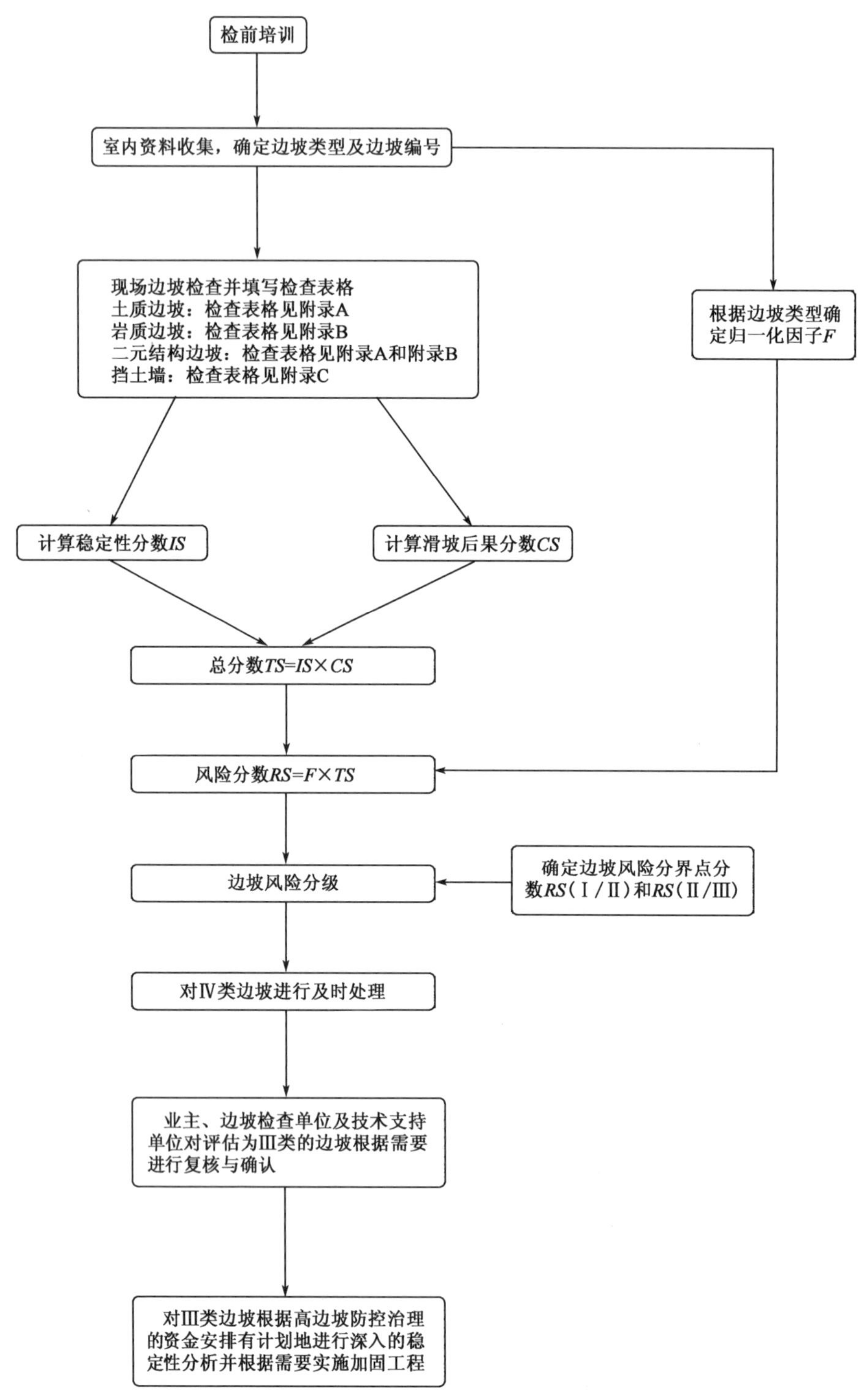

图 2-1　边坡风险调查流程图

已有加固工程评分取值表　　表 2-8

<table>
<tr><th>取值类别</th><th colspan="2">类 别 描 述</th><th>取 值 分 数</th></tr>
<tr><td>0</td><td colspan="2">无加固工程；
或已有加固工程无完备的勘察/设计/施工资料，因为无法确定其有效性</td><td>0</td></tr>
<tr><td>1</td><td rowspan="3">有经验的专业技术人员审查边坡加固维修记录，认为已有加固工程：
(1)设计资料完备；
(2)施工记录充分，边坡加固施工已完全按照边坡加固设计进行</td><td>边坡加固工程以往进行过适当维护，基本完好</td><td>评估表格自动赋分，使风险分数 RS＜RS(Ⅰ/Ⅱ)(如 RS＝40)，即边坡属于Ⅰ类边坡</td></tr>
<tr><td>2</td><td>边坡加固工程可能局部失效(如锚头松裂、断锚掉梁等)而无法全部满足原设计要求</td><td>评估表格自动赋分，使风险分数 RS(Ⅰ/Ⅱ)≤RS＜RS(Ⅱ/Ⅲ)(如 RS＝50)，即边坡属于Ⅱ类边坡</td></tr>
<tr><td>3</td><td>边坡加固工程破坏严重(如断锚毁梁等)</td><td>评估表格自动赋分，使风险分数 RS≥RS(Ⅱ/Ⅲ)(如 RS＝65)，即边坡属于Ⅲ类边坡</td></tr>
</table>

5.滑坡规模系数(K)取值

大部分岩质高边坡均被植草、喷射混凝土及护面墙所覆盖，实际检评过程中因缺少资料而不易对滑坡规模做出合理判断。路堑高边坡一旦发生滑坡，将严重影响高速公路的运营并可能给公路使用者带来生命和财产损失。对于这种情况，滑坡规模系数按照如下简易原则选取，以便合理评估路堑高边坡的风险、减少检评结果的不确定性。

(1)通常情况下或滑坡规模难以确定：$K=0.4$。

(2)根据现有资料或现场情况确可判定可能的滑坡体积小于 50m^3：$K=0.2$。

(3)根据现有资料或现场情况确可判定可能的滑坡体积大于 500m^3：$K=0.6$。

6.边坡安全风险分类

将每个边坡的风险分数 RS 按照从高到低进行排序，并根据表 2-7 规定将评估后的边坡分为Ⅰ类、Ⅱ类、Ⅲ类和Ⅳ类等四个类别。

存在可能即时失稳的情况时，按以下原则归类：

(1)若现场检查发现或有文件记录显示边坡有可能即时失稳，那么此边坡直接划归为Ⅳ类，需立即进行处理。

(2)即时失稳包括但不限于下列情形：坡顶发生张拉裂缝；护面下发生泥土流失；锚头或钉头松动；无泄水孔处发生严重渗流；大面积冲刷；护面隆起；土石位移引起的护面开裂；由于边坡/挡土墙位移引起的坡面排水沟的位移和沉降。若检查人员无法确定上述失稳的原因，应立即请有经验的专业技术人员对边坡进行再次检查。

7.边坡安全风险类别复核与确认

边坡检评单位对边坡完成检评与分类后，复核单位应对检评结果进行复核，边坡的业主单位也应结合日常养护巡检及养护历史资料对检评、复核中发现的边坡缺损、病害的数量、程度、位置及养护对策进行审核、确认。边坡类别确认应遵从以下原则：

(1)若三方对边坡检评、分类结果及养护对策无异议，则三方共同确认的边坡类别为该边坡定期检查的类别。

(2)若意见不能统一，则需由业主组织检评，复核单位现场复核、沟通后确认。

(3)若仍不能统一意见，则由业主单位组织委托相关专家进行进一步验证后确认。

(4)专家共同确认时，若分歧仍较大的，按专家意见中不利分类考虑。

边坡安全风险评价旨在评价和比较高边坡安全风险的高低，而非只根据边坡的表观特征来直接判断边坡的稳定性。边坡稳定与否，仍需进行详细的勘察和试验，建立边坡工程地质和水文地质模型，选用合适的稳定分析参数和计算软件，得出边坡的安全系数，并与规范要求的安全系数比较才可以判断。

六、风险管控对策

根据安全风险评估的结果，要采取相应的对策做好边坡的养护管理工作，不同的安全风险等级采用不同的风险防控对策。

1.Ⅰ类、Ⅱ类边坡风险防控对策

Ⅰ类、Ⅱ类边坡可参照浙江省交通投资集团有限公司《高速公路高边坡巡检管理技术指南(试行)》要求开展日常巡查与正常养护。

其中，Ⅰ类边坡，每两月进行一次日常检查；Ⅱ类边坡，每月进行一次日常检查；并且，对Ⅰ类、Ⅱ类边坡每半年进行一次巡检复查。其日常养护工作主要包括：

(1)及时清理边坡坍塌，避免堆侵路面、堵塞边沟；及时整修边坡坡率，处理危石、浮石、悬土、挂土；保持坡面平顺、坚实、无冲沟、无裂缝。

(2)及时修复水沟裂缝、渗漏或破损；整改不合理的排水系统；保持边坡截排水沟、路基边沟、平台排水沟、急流槽等排水系统完好。

(3)经常检查各种边坡防护加固工程设施，发现缺损及时修复；并保证边坡检修道、扶手等辅助设施处于良好工作状况。

(4)对有变形迹象的边坡应做好观测工作(以简易监测方法为主)；发现隐患及时处置，对重大隐患应采取必要的应急措施并立即上报。

2.Ⅲ类边坡风险防控对策

Ⅲ类边坡整体状况较差，高速公路管养单位应委托专业咨询单位对其进行详细的稳定性分析评价，查明边坡病害性质、原因、规模、稳定程度和发展趋势，并针对其潜在变形破坏模式提出整治工程方案。同时，将其列入年度养护计划，选择合适的防控措施进行加固处理。

对于Ⅲ类边坡，要求每月进行两次日常检查，情况严重时要求每天一次，并且要求至少每季度进行一次巡检复查。

Ⅲ类边坡还应加强动态监测工作(有条件时可采用自动监测预警方法)，如果经监测发现边坡变形破坏急剧发展扩大，则需立即采取应急抢险工程措施；如果经监测确认边坡变形破坏趋缓并逐渐停止，可按Ⅱ类边坡处理，进行必要的养护与维修；如果监测结果反映其变形破坏持续，则应尽快落实其病害整治工程措施，确保边坡稳定与交通安全。

3. Ⅳ类边坡风险防控对策

Ⅳ类边坡存在即时失稳危险，需及时进行处理，必要时应对其进行勘察、稳定性研究，并根据稳定性分析结果确定维护和加固治理对策。

Ⅳ类边坡的日常检查频率，原则上每周进行一次，存在边坡整体即时安全风险等严重情况时需要每天进行一次；其巡检复查频率为每月一次，情况严重时要求随时进行巡检复查确认。

一旦确认边坡存在即时失稳风险，应根据风险性质、规模及时采取相应的边坡病害应急抢险工程对策，必要时启动公路交通布控和边坡安全监测预警工作，直至应急抢险工程措施实施完毕并通过工后评估，确认边坡稳定后恢复交通，进入正常养护状态。

第三章　边坡日常养护与维修

第一节　养护原则和要求

一、边坡养护原则

边坡养护应遵循以下原则：

1)预防性和彻底性

高边坡的安全防控管理工作要按“早发现、早预防、早整治”的原则，做到“预防为主、防治结合、一次根治、不留后患”。

2)全面性和协调性

边坡养护必须优先考虑边坡的稳定和安全，全面开展对边坡各构造物的养护，确保边坡构造物正常运行，同时应充分考虑构造物间的协调和边坡与自然地理、周边环境的协调。

3)经常性和周期性

加强对边坡的巡检，掌握边坡的实际情况，开展边坡经常性日常养护，结合季节特征开展周期性养护工作。

4)持久性和经济性

对边坡养护应做到高瞻远瞩，养护方案应持久有效，同时应兼顾方案的科学性和经济性，达到经济和社会效益最大化。

二、养护技术要求

公路边坡养护技术要求主要有以下几点：

(1)确保边坡及其各类附属构造物运行状态良好，避免安全隐患。

(2)经常进行边坡巡视检查工作，并做好巡视检查记录，发现问题及时上报，及时处理。

(3)边坡坡面应保持平顺、坚实、无冲沟、无裂缝，严禁在边坡上挖土取料、种植农作物或修建其他建筑物；及时清理边坡坍塌部分，避免堆侵路面、堵塞边沟；整修边坡坡率应符合设计规定，如发现有危石、浮石，应及时处理。

(4)边坡截水天沟、路基边沟、平台排水沟、急流槽等排水系统应保持完好，发现破裂、损坏、渗漏等情况应及时修复；排水系统设置不合理时应及时进行整改或重新设置。

(5)对各种边坡防护加固工程设施应经常检查、维护，以保证其处于良好状况；边坡检修道、扶手应保持完好，发现破损及时修复。

(6)对有变形迹象的边坡应做好监测、观察工作，并做好记录和分析；发现边坡隐患应及时组织处置，对重大隐患要立即做好应急处置措施，并上报上级有关部门。

(7)边坡养护管理工作应注意现场作业安全，配备必要的安全设施，相应人员应进行岗前安全培训。

第二节　边坡日常养护

一、边坡坡面养护

边坡坡面养护工作的目的是保持其稳定性，即边坡坡面应保持平顺、坚实、无裂缝。严禁在边坡上及路堤坡脚、护坡道上挖土取料或种植农作物。

对于岩质路堑边坡，应经常注意边坡坡面岩石风化发展情况以及边坡上的危岩、孤石的变动，发现问题应及时采取适当的措施处理，如抹面、喷浆、勾缝、灌浆、嵌补、锚固等，以免堵塞边沟或危及行车和行人。

对于土质路堑边坡、碎落台、护坡道等，如经常出现缺口、冲沟、沉陷、塌落或受洪水、边沟流水冲刷及浸水时，应根据水流、土质等情况，选用种草、铺草皮、栽灌木丛、铺柴束、干砌或浆砌片石护坡等措施，进行防护和加固。

当边坡发生坍塌需要嵌补回填处理时，不能在边坡上贴土修补，应在毁坏的地段上从上到下先挖成台阶，再分层填土夯实，夯实后的宽度要稍超出原来的坡面，以便切出坡面，与原坡面平顺衔接。

边坡上的植被对保护边坡坡面和防止地表水入渗非常重要，不能随意铲除边坡植被，并禁止在边坡上割草、放牧。

二、排水设施养护

水是影响边坡稳定的主要因素之一，边坡滑塌等不稳定事故大都是由于水的原因所引起的，排水可以增加土体的内在抗剪强度，从而提高边坡的稳定性。排水措施也是采用其他各类加固措施时都必须考虑的重要辅助措施。

边坡排水系统能否正常工作，直接影响到边坡的稳定性。因此，加强排水设施的日常养护与维修，是确保边坡稳定的关键环节。

对边沟、截水沟、排水沟、渗沟(盲沟)以及暗沟(管)等排水设施，应保持水流通畅，并防止水流集中冲刷边坡。特别是汛前，应全面进行检查；雨中必须上路巡查，及时排除堵塞、疏导水流；暴雨后应进行重点检查，如有冲刷、损坏，须及时修理加固，如有堵塞应立即清除疏通。

对于临时性的土质水沟，应保证设计断面满足排水要求。沟底应保持不小于0.5%的纵坡，在排水有困难的路段，不宜小于0.3%。水沟外边坡也应保持一定的坡度，以防坍塌，阻塞水沟。

在管养工作中，要针对现有排水系统不完善的部分逐步加以改进、完善，充分发挥各种排水设施的功能。例如，对有积水的边沟，应将水引至附近低洼处；对疏松土质或黏土上的沟渠，需结合地形、地质、纵坡、流速等实际情况，综合考虑加固。

如发现渗沟、盲沟出水口处长草、堵塞，应进行清除和冲洗；对有管渗沟应经常检查疏通，以保证管内水流通畅；如发现反滤层淤塞失效，则应翻修，并剔除其中较小颗粒的砂石，以保证其孔隙，便于排水；如位置不当，则应另建渗沟或盲沟。

边坡的排水系统如截排水沟、路基边沟出现破损时，应及时组织人员采用浆砌片石或素混凝土进行修复，或对原有勾缝脱落重新进行勾缝。

如果出现排水系统不畅、排水沟沉陷、排水出现断头或排水设施不完善，应立即组织改造或增设，确保排水系统畅通。

如果坡体地下水非常丰富，坡面上常年潮湿或有泉水湿地现象，需设置边坡渗沟、盲沟或深层排水孔，将坡体内积水通过引排疏干，确保边坡稳定。

如果边坡出现裂缝，应采用黏土填塞夯实，以防地表水渗入边坡体内；当坡体出现潜流涌水时，应做好引排措施，确保潜水排出。

三、坡面植被养护

当边坡的草皮或植物生长发育不良及有病虫害时，应及时组织施肥或治病杀虫，确保植被生长良好，根系牢固。

当边坡挂网植草被冲刷破坏时，应在对冲刷部位进行清理后，重新进行挂网植草或喷播厚基材植草。

当坡面上有尘埃、土、砂等堆积物时，应及时组织清除。

当边坡地表水或地下水丰富时，应及时做好排水措施，对地表水采用增设排水沟、急流槽等措施进行排水；对地下水可采用增设深层排水孔或排水渗沟等措施进行排水。

四、素喷锚喷养护

素喷或锚喷坡面如果出现裂缝，应及时进行修补封闭，同时进行简易观测。

素喷或锚喷坡面如果出现小范围的掉块或鼓胀，首先应凿除鼓胀部分，然后采用混凝土或砂浆对掉块进行修补。

素喷或锚喷坡面如果出现大量水迹或水流，应对原排水孔进行疏通，同时在水流大的部位增设排水孔。

锚喷坡面如果出现露筋，应采用混凝土或砂浆对露筋部位进行封闭。

素喷坡面如果出现破损，维修时可增设钢筋网加强其整体性和抵抗变形能力。

五、柔性防护网养护

柔性防护网(SNS)的锚头如未封闭或锈蚀，则应采用混凝土进行锚头封闭。

柔性防护网必须紧贴坡面，如柔性网内有落石兜集，则必须及时组织人员对落石进行清除，以减轻柔性网及锚杆的拉力。

柔性防护网如果发生破坏，应用原规格的柔性网进行修补，修补时应注意新老柔性网的连接，必要时增设锚杆，对柔性网加强固定。

六、圬工挡土墙养护

挡土墙是支承路基填土或山坡土体，以防填土或土体失稳的构造物。挡土墙除应进行日常检查外，也应进行定期检查。另外，在气候反常或超载重车通过等特殊情况下，还应进行专项检查。

如果发现挡土墙裂缝、断裂、倾斜、鼓肚、滑动、下沉、表面风化、泄水孔不通、墙后积水、周围地基错台或出现空隙等情况，应查明原因并观察其发展情况，采取有效且合理的措施进行维修加固，同时建立技术档案。

浆砌片石圬工或混凝土挡土墙的裂缝、断缝，如已停止发展，应立即进行维修、加固，将裂缝缝隙凿毛，经清除碎渣、杂物后用水泥砂浆填塞；对混凝土或钢筋混凝土挡土墙的裂缝，可用环氧树脂黏合，也可用混凝土黏结剂涂抹缝壁，然后用混凝土或水泥砂浆填塞。

挡土墙的泄水孔应保持通畅，当挡土墙出现排水不畅或墙后积水时，应立即对原有排水孔进行疏通，必要时重新施设排水孔或增设墙后排水设施。

砖、石、混凝土或钢筋混凝土挡土墙墙面出现碱蚀或风化时，可将风化表层凿除，露出新茬，然后用水泥砂浆抹面或喷涂。

挡土墙与边坡连接处易被雨水冲刷，形成沟槽或缺口，应及时填补夯实，恢复原状。

当挡土墙出现勾缝脱落或压顶损坏后，应立即组织养护单位采用原强度等级的混凝土重新进行勾缝或压顶，实施后做好养生工作，确保工程质量。

当挡土墙出现开裂、鼓肚、下沉等病害时，应及时对病害进行观测工作。如果挡土墙的整体稳定性满足有关规定或设计要求，且当前变形已趋于稳定，可采用注浆、拆除重砌等方法进行处治；如果挡土墙处于不稳定状态，应及时组织专家进行确诊，再进行加固处治。

七、锚固工程养护

锚杆(索)加固的边坡工程，需经常进行检查。仔细检查混凝土外锚头或框架是否有变形开裂、下错等，若有应用环氧树脂黏合，也可用混凝土黏结剂涂抹缝壁，再用混凝土或水泥砂浆填塞，使外锚头或框架处于良好工作状态。

检查锚头是否有积水、锈蚀等病害，若有应及时排水至干净，并封堵水源，然后进行除锈、防腐处理。同时，检查锚头是否有锚垫移动、锚头脱落、锚具开裂、锚筋断丝或损伤等现象，如有应及时更换维修，使锚杆(索)处于良好的工作状态。平时应经常对锚垫锚具进行除锈维修，锚垫板如有生锈，则应采用专用油漆进行除锈，防止松动。

框格内如有积水，应先将水体排除，并查明是由于坡体地下水丰富还是降雨引起的框架内积水，对于前者可采取增设仰斜排水孔排出水体；对于后者由于仅是大气降雨积聚未能及时排出，可采用嵌补框架内的凹坑(有条件时嵌补后植草)，使每个框格内底梁与坡体接触处平顺，保证框架内雨水能顺畅排出。

框架如有蜂窝麻面等施工“后遗症”，应先清除松动硬块，然后凿毛、湿润，最后采用比原设计强度等级更高一级的混凝土填补、抹平。

当框架出现断梁露筋时，应查明原因。若是由于锚索锚固力设计不足导致的毁锚断梁，在增加锚固力的同时，应重新设计框架；若是由于框架配筋不足或框架截面尺寸太小，则应考虑重新配筋及加大框架截面等措施。

八、砌石防护养护

浆砌片石骨架护坡或护面墙养护应观察护坡或护面墙有无局部脱落、沉陷、滑动、下沉、隆起、裂缝等现象以及坡面是否有涌水及渗水状况，泄水孔是否起作用等。对于这些病害，如果边坡整体稳定，一般可采用嵌补或翻修的方法处治。

第三节　防护设施维修

一、截排水沟的维修

边坡截排水沟常见病害有淤堵、渗漏、断裂、冲刷、冲毁、移位(坍塌滑坡等原因)等，如图3-1所示。应在查明截排水沟破坏类型和产生原因等基本情况的基础上，分析其危害程度和发展趋势，并结合场区地形地质条件和结构缺损状态，及时采用有效的维修加固工程措施，恢复边坡截排水沟功能，完善路基排水系统。

1. 水沟淤堵清理

如果发现水沟淤堵现象，应视可能存在的情况，采取相应的措施。

(1)由于排水沟数量或设计断面无法满足边坡排水需求，应视情况增加、完善边坡排水措施及增大水沟断面。

(2)对于水沟未能与边坡排水系统有效连通，应进行必要的整改，完善边坡排水系统。由于边坡水沟长期未进行疏通而造成的淤堵，应定期对水沟进行疏排。

(3)组织人员采用铁锹、铁钎等工具清除水沟内堆积物。若堆积物比较坚硬，需采用冲击钻破碎，再行清理，清理完毕需用清水冲洗水沟直至水沟内壁及沟底无附着物和沉淀物。

(4)若排水孔的堵塞仅限于孔口部分，则可用比排水孔孔径小的钢管进行疏通；当堵塞深度较大时，则需借助钻孔机械(风枪)进行疏通。

2. 水沟渗漏修补

对于局部渗漏，可采用封闭法施工。

(1)用钢丝刷沿破损处清理宽约5cm范围内的砌体表面，清除破损处浮渣、灰尘等，用锤子和钢钎凿除疏松碎块，露出坚实表面。

(2)清理表面灰尘。

(3)用环氧树脂灌缝或用环氧树脂混凝土填补孔洞。

对于大面积渗漏，可采用重新抹面封闭。

3. 水沟断裂维修

(1)稳固地基上产生的水沟断裂：多因过水断面不足被冲毁或水沟砌筑材料强度不够被毁。这种情况下，一般采用加大水沟设计断面或者提高水沟建筑材料强度的方法翻修改造。

(2)局部水沟基础脱空或水沟基础下沉造成的断裂：对基础有问题的水沟进行拆除，采用人工夯实的方式对水沟基础进行夯实加固，然后重新砌筑水沟。

4. 水沟冲刷维修

如果发现水沟存在冲刷破损现象，应采用M10水泥砂浆或C20混凝土修复、加固水沟冲刷破损区域。一般需要重新计算边坡汇水面积，并留有一定的富余度，可加大水沟设计断面，并增大水沟修筑断面，或提高水沟砌筑材料强度。

图 3-1　截排水沟常见病害类型

a)淤堵;b)渗漏;c)断裂;d)冲刷;e)冲毁;f)移位

5. 水沟冲毁维修

如果发现水沟被冲毁的现象,需要加大排水沟断面,估算最大降雨量或汇水面积,考虑最大水流对水沟的冲击力。重新设计排水沟时,要考虑暴雨时期边坡场区最大降雨强度,并对水沟地基承载力较薄弱区域进行加固设计。同时,对水沟周围岩土体软弱区域进行夯实或换填处理，对水沟地基承载力较差的部位进行地基处理(夯实或换填)，用C20或更高强度等级的混凝土修复水沟破损区域。

6. 水沟移位维修

如果发现水沟存在平移或错断等破坏现象，一般存在边坡体的变形和破坏，需要对边坡体进行必要的调查与勘察，探明边坡潜在坍塌滑移位置，按坍塌或滑坡病害治理要求，对边坡进行补强加固设计及其截排水工程设计，水沟砌筑时可用浆砌片石或混凝土材料进行砌筑。

二、植被防护的维修

植被防护常见破坏形式有植被枯萎、冲刷剥落、骨架开裂、网材锈蚀、流石流泥等，如图3-2所示。首先应查明植被防护破坏类型、产生原因、缺损状态、危害程度和发展趋势等基本情况，然后结合当地植被生长环境条件与边坡植被防护目的，及时采取适用的修补技术措施，恢复边坡植被防护的作用和功能。

图3-2　植被防护常见破坏类型

a)植被枯萎；b)冲刷剥落；c)骨架开裂；d)网材锈蚀

1. 植被枯萎补种

如果发现坡面植被出现枯萎破坏现象，需要选择补种干旱、贫瘠条件下易存活的植物种子。栽植补种时，应按照有关规定和要求进行栽植养护，并检查植被生长状况，出现枯萎时，应重新种植。喷播补种时，喷播材料应充分拌匀，以确保喷播质量，并要求加大植被喷播厚度。喷播时应自上而下喷附，并尽可能保证喷口与坡面垂直，喷口与坡面垂直距离在0.8～1m，一次喷附宽度为5～6m，喷播施工时应使喷附厚度均匀。必要时应清除坡面杂草、浮石，并定期对坡面植被进行洒水、施肥。植被枯萎面积较大时，应重新进行喷播防护。

2.冲刷剥落修复

当坡面植被发生冲刷剥落破坏时，常采用放缓边坡坡率的方法进行恢复，或者选择适宜的植被防护形式修复植被，并完善边坡排水系统。施工时，应注意水沟沟底坡率设置，合理引排边坡地表水，定期清理、疏通水沟淤堵部位，有效排除边坡积水。如果边坡平台排水沟破损，应及时修复。未设置排水沟的应增设排水沟，并修复边坡冲刷区域的植被防护。

3.骨架开裂维修

当浆砌片石骨架出现开裂变形时，一般要求设计时加大骨架的嵌入深度，增大骨架的设计断面，增强骨架抗弯折能力。骨架变形较小时，可选用1∶2～1∶3的水泥砂浆或1∶0.5∶0.3的水泥石灰砂浆修补；当缝隙较大时，可用小石子混凝土灌注；特别严重时，应重新修筑，并应严格按照设计要求刻槽，清除体积较大的砾石，保证槽底平顺。

4.网材锈蚀维修

当发现有网材锈蚀较严重的情况时，应查阅地勘资料，查明场区边坡的水、土腐蚀性。对于水、土具有腐蚀性的，应对挂网网材进行防腐处理，并加厚客土喷播厚度，分2～3遍喷播。

当坡表出现冲刷露网时，应重新增补客土(覆土)，覆土应为含腐殖土的肥沃壤土或采用60%～80%的表土，对瘠薄土应添加腐熟的有机肥、泥炭土或淤泥等提高肥力。覆土应饱满，分层、多次填土并充分淋水自然沉降，确保覆土稳定后植被网不外露于空气中。

5.流石流泥整治

当坡面出现流石流泥情况时，应尽量考虑边坡可能的汇水面积，增大边坡截排水沟的设计断面，并增设边坡地下水等其他排水措施。对于设计坡率较陡的边坡，应采用较强客土措施或改进客土施工工艺。

施工时，尽可能平整坡面，对难以清除的、局部凸出的部位应进行凿毛处理。当边坡表面存在较大结构面时，则采用强客土施工工艺，或与设计等相关单位协商进行变更处理，采用其他防护措施。

日常巡检时，应注意观察边坡平台排水沟是否畅通，防止平台水漫流至坡面。未设置急流槽的，应适当增设急流槽，防止暴雨季节雨水冲刷坡面。由于喷混植生附着力较高，流石流泥可采用喷混植生进行修复。

三、喷浆防护的维修

喷浆防护工程常见破坏有表面风化、空鼓脱离、变形开裂、沉降下错、泄水孔堵塞、渗流涌水等，如图3-3所示。应在查明喷浆防护破坏类型、产生原因、缺损状态、危害程度和发展趋势等基本情况的基础上，结合边坡场区地形地质条件，及时采取有效的维修加固工程措施，修复喷浆防护结构，恢复喷浆防护功能。

图 3-3 喷浆防护常见破坏类型

a)表面风化；b)空鼓脱离；c)变形开裂；d)沉降下错；e)泄水孔堵塞；f)渗流涌水

1. 风化剥落维修

当喷浆防护坡面出现风化剥落情况时，一般需要完善边坡排水系统设计。边坡高陡时，避免采用素喷形式或者提高喷混凝土强度等级，必要时添加外加剂，妥善处理喷混凝土的施工缝。对轻微、零星的(面积小于 $1m^2$)喷混凝土面风化剥落现象,可采用 M10 水泥砂浆修补;大范围(面积大于 $1m^2$)风化剥落时,则应先进行坡面清理、平整,铺设铁丝网或钢筋网重新进行喷混凝土处理。

2. 空鼓脱离维修

当发现喷浆坡面出现空鼓脱离现象时,应先清除喷混凝土空鼓脱离区域,并对其周边坡面凿毛处理,最后分层重新进行喷混凝土,且喷混凝土厚度需达到设计要求。对素喷混凝土维修,一般需要增设钢筋网,以加强其整体性。

3. 变形开裂维修

当发现喷浆坡面出现变形开裂现象时,一般情况下,属于正常现象,裂缝较小,可不进行处理;若裂缝宽度较大,则应先进行简单观测(如骑马桩、贴片等),当裂缝宽度不再增大时,可用 M40 环氧砂浆进行灌填修补;若锚喷面破损区域较大,可采用重新锚喷坡面或者增设主动防护网的方法,控制喷浆坡面变形继续发展和扩大,防止剥落掉块。

4. 沉降下错维修

当发现喷浆坡面出现沉降下错现象时,一般需要增设系统锚杆对边坡浅表层进行加固。当喷混凝土出现沉降下错变形较小时,首先应进行位移及沉降监测,如果破坏情况已稳定,则可考虑采用 M40 环氧砂浆进行灌缝处理,防止坡表水渗入坡体内部;如果变形继续发展和扩大,则应组织专业单位进行稳定性评估,并采取相应的工程措施。重新喷混凝土处治时,应严格控制分层喷混凝土,同时处理好分层间施工缝的搭接问题。

5. 泄水孔堵塞维修

当发现喷浆坡面出现泄水孔堵塞现象时,一般需要补充边坡水文地质调查或勘察,合理设计排水设施。边坡含水率较大区域应增设地下排水措施,且泄水孔应埋设在岩层裂隙处。喷混凝土泄水孔堵塞可用比泄水孔孔径小的铁管进行疏通;若堵塞较严重,应采用机械(风枪)疏通;若堵塞极其严重或原泄水孔向上翘,应重新施打泄水孔。当喷混凝土渗水较严重时,应沿喷混凝土面出水位置隔一定距离(5～10m)增设仰斜排水孔。

6. 渗流涌水维修

当发现喷浆坡面出现渗流涌水现象时,一般需要充分考虑边坡汇水面积,按最大汇水面积的要求设置边坡地表排水措施,必要时增设地下水引排措施,如完善边坡截排水沟,疏通排水设施;增设一定数量的仰斜排水孔,排除边坡地下水;待边坡排水系统完善后,再对喷混凝土破损区域进行修复处理。

四、护面墙的维修

护面墙工程常见破坏有勾缝脱落、表面风化、变形开裂、松动掉块、沉陷塌落、错位倾覆、泄水孔不通、潮湿渗水等,如图 3-4 所示。应查明护面墙破坏类型和产生原因,结合具体破损部位与损毁状态,及时采用有效的补强加固工程措施,维修砌体结构,恢复其护面功能。

a)

b)

c)

d)

e)

f)

g)

h)

图 3-4　护面墙常见破坏类型

a)勾缝脱落；b)表面风化；c)变形开裂；d)松动掉块；e)沉陷塌落；f)错位倾覆；g)泄水孔堵塞；h)潮湿渗水

1.勾缝脱落维修

当护面墙出现勾缝脱落现象时，一般需要提高砂浆强度等级，采用浆砌法修筑。对于小范围的勾缝脱落且护面墙表面块石未发现松动现象，可不处理，仅进行日常巡检；若勾缝脱落范围较大，但块石未发现松动情况，可先清洗护面墙表面，再用M10砂浆进行表面勾缝修补；当表面块石亦有松动时，可清除表面松动块石，再进行嵌补处理；当块石表面风化较严重时，建议进行专项修复设计。

2.变形开裂维修

当护面墙出现变形开裂现象时，一般需要增设变形缝，必要时进行护面墙地基处理，护面墙修筑时控制块石之间的缝隙，并用砂浆填满。当护面墙的变形开裂处于裂缝较小且相对稳定时，可用M10砂浆进行封闭处理，并设置简易监测（如骑马桩、贴片、固定标尺等）；当变形开裂范围大且仍在继续发展时，应按坡体变形进行处理。

3.松动掉块维修

当护面墙出现松动掉块现象时，一般需要增加护面墙的设计厚度，提高砂浆强度等级，减小块石间空隙，并用砂浆填满。护面墙的松动掉块表明块石与原护面脱离，当为零星的松动掉块时（小于$1m^2$），应先清除松动块石，再用M10浆砌块石对护面墙松动区域进行修补；若范围较大，则应采用SNS柔性防护网进行防护，防止掉块；或者拆除重砌。如果查明为坡体变形引起，则应按坡体变形处理。

4.沉陷塌落维修

当护面墙出现沉陷塌落现象时，一般需要查清、核实护面墙地基软弱区域，进行特殊设计，并在施工时对坡体岩土体软弱区域进行处理。对于由于一般坡面地基不密实导致护面墙凹陷的，应拆除凹陷破坏区域及其外围1～2m的护墙，并进行边坡地基处理，然后重砌。即先清除坡面地基松散、松软的岩土体并进行换填处理（根据实际情况分层回填砂、碎石或砂石混合料），使护面墙基础位于较稳定的地基上。当护面墙沉陷塌落的位置处于边坡沟槽部位时，除按一般地基不密实进行处理外，还应对护面墙顶上部一定范围内（4～8m）的沟槽部位采用M7.5浆砌片石或C20混凝土进行硬化处理，同时处理好沟槽部位的排水（根据地形情况增设截排水沟）。

5.错位倾覆维修

当护面墙出现错位倾覆现象时，一般需要在修复设计时放缓坡率。对地质条件复杂的边坡进行特殊设计，用浆砌工艺修筑护面墙。护面墙发生错位倾覆说明边坡坡体发生了位移变化，应进行适当的地质调查，查明边坡位移是否由岩体错动或土体滑移引起，根据产生位移的原因进行加固。若位移由岩体错动引起，可清除松动岩体，选用稳定岩体作锚固地层，采用锚固工程进行加固；若位移由土体滑移产生，应探明滑动面，采用刷坡放缓坡率结合支挡加固工程进行整治。

6.墙面渗水维修

当护面墙出现墙面潮湿渗水现象时，一般需要在修复设计时考虑增加泄水孔数量，减小泄水孔间距，并增加泄水孔长度。增补泄水孔施工时，应设置反滤层，并用土工布包裹泄水孔。

护面墙泄水孔堵塞可用比泄水孔孔径小的铁管进行疏通，若堵塞较严重，应采用机械(风枪)疏通。泄水孔疏通程序一般为：确定原泄水孔的孔位、孔径、孔深→搭设操作平台脚手架→施钻疏通。当墙面渗水较严重时，应沿墙面出水位置隔一定距离(5～10m)增设仰斜式排水孔。

五、挡土墙的维修

挡土墙工程常见病害有勾缝脱落、表面风化、变形开裂、鼓胀凸肚、剪切断裂，沉降错位、地基错台、倾斜、滑移、损毁破坏、断裂坍塌、泄水孔不通、渗流涌水、墙后积水等，如图3-5所示。应查明挡土墙破坏类型和产生原因，结合具体破损部位与损毁状态，及时采取有效的补强加固工程措施，维修砌体结构，恢复挡土墙的作用和功能。

图3-5　挡土墙常见破坏类型

a)变形开裂；b)鼓胀凸肚；c)沉降错位；d)倾斜滑移；e)损毁坍塌；f)渗流涌水

1.勾缝脱落、表面风化维修

当挡土墙出现勾缝脱落现象时，一般需要提高挡土墙砂浆强度等级，采用浆砌工艺砌筑挡土墙，适当调整挡土墙条石间缝隙。对于小范围的勾缝脱落且挡土墙表面块石无松动现象，可不处理，仅进行日常巡检观测；若勾缝脱落范围较大，当块石无松动现象时，可进行表面勾缝修补；当表面块石亦有松动时，可清除表面松动块石，再用M10浆砌块石进行嵌补处理。对于嵌补厚度超过0.5m或高度超过2m的，应开挖成台阶状嵌补。

2.墙体变形、墙身开裂维修

当挡土墙出现墙体变形、墙身开裂现象时，一般需要考虑最不利条件，重新计算墙后土压力。对墙体内部不密实处重新修筑，必要时对挡土墙基础进行处理。当挡土墙的变形开裂裂缝较小且相对稳定时，可先进行简易监测（如骑马桩、贴片、固定标尺等）；当变形开裂范围较大或者仍在继续发展时，由专业的边坡技术人员对边坡进行稳定性分析后再进行加固治理。

3.鼓胀凸肚、剪切断裂维修

当挡土墙出现鼓胀凸肚、剪切断裂现象时，一般需要降低挡土墙设计高度，增大挡土墙断面尺寸，提高挡土墙砌筑质量。挡土墙出现鼓胀情况时，应分两种情况进行处理：

（1）挡土墙自身原因引起的挡土墙鼓胀，应拆除变形位置片石后重新砌筑。

（2）由于坡体位移引起的挡土墙鼓胀，由专业的边坡技术人员对边坡进行稳定性分析后，可考虑采用旧墙加固或增设锚固工程等进行补强加固。

4.沉降错位、地基错台维修

当挡土墙出现沉降错位、地基错台或空隙时，一般需要重新计算、验算挡土墙基础承载力，并对软弱地基进行换填或夯实处理。挡土墙发生沉降错位一般由地基的不均匀沉降引起，因此，在进行挡土墙破坏处理时，应先对地基进行处理（加大挡土墙基础的埋深、软基换填等）。处理方式有以下两种：①钢花管注浆加固基础；②对变形较大挡土墙，则应拆除并重新砌筑。

5.墙身倾斜、墙底滑移维修

当挡土墙出现墙身倾斜、墙底滑移时，一般需要在修复设计时考虑边坡潜在滑动面的影响，并在挡土墙顶部进行回填时做好排水措施。挡土墙发生倾斜、滑移后应首先查明挡土墙的破坏范围和边坡的变形破坏性质，必要时补充地质勘察工作，查明边坡滑移面深度，然后再进行补强加固。分析挡土墙倾斜的原因，若由基础不均匀沉降引起，可采用花管注浆处理；若挡土墙受力变形、倾斜，应进一步查明边坡稳定性，对挡土墙墙身进行补强加固处理。

6.损毁破坏、断裂坍塌维修

当挡土墙出现损毁破坏、断裂坍塌时，一般需要在修复设计时考虑边坡潜在变形区域并采取相应的措施进行处理，如对边坡场区软弱夹层、顺倾不利结构面及其他不良地质因素进行预防或加固等。挡土墙出现损毁破坏，应查明挡土墙的破坏范围、破坏性质、产生原因和发展趋势，重新计算墙后土压力，必要时加大挡土墙基础埋深、加大挡土墙断面尺寸、增加墙身加筋等，以提高挡土墙的抗滑力。若破坏原因是由边坡变形造成的，则应进行边坡加固专项设计。

7.渗流涌水、墙后积水维修

当挡土墙泄水孔堵塞、渗流涌水、墙后积水时，一般需要增加泄水孔数量、长度，完善边坡各种排水措施的设计,形成有效的边坡排水系统。增补泄水孔应设反滤层,泄水孔末端部位用土工布包裹,且墙前排水沟坡率应按设计要求设置。

挡土墙泄水孔堵塞较严重时,应采用机械或高压水枪疏通。当墙面渗水较严重时,应沿墙面出水位置隔一定距离(5～10m)增设仰斜排水孔;对墙面漫水的边坡应修复、完善墙顶排水沟,疏导墙顶水流流向截排水沟并排出坡外;对墙后积水的病害,可先回填、平整墙后土体,再增设排水沟。

六、柔性防护网的维修

柔性防护网工程常见破坏有网下架空、缝合绳脱落、网材锈蚀、锚杆松动、基座变形、网材撕裂、积渣外鼓等,如图 3-6 所示。应查明柔性防护网破坏类型和产生原因,结合具体破损部位与损毁状况,及时采用有效的补强工程措施,恢复柔性防护网的防护作用和功能。

a) b) c) d) e) f)

图 3-6 柔性防护网常见破坏类型

a)网下架空;b)缝合绳脱落;c)锚杆松动;d)基座变形;e)网材撕裂;f)积渣外鼓

1. 网下架空维修

当柔性防护网出现网下架空现象时，一般需要在修复设计时根据地形考虑增设或加密钢绳锚杆，使防护网紧贴坡面。柔性防护网出现网下架空时，应先检查钢绳锚杆的设置间距和数量是否满足规范要求，根据实际情况适当增加钢绳锚杆并通过缝合绳与钢绳网连接。

2. 缝合绳脱落维修

当柔性防护网出现缝合绳脱落现象时，一般需要增大缝合绳直径并缩小缝合绳缝合间距，严格按防护网与钢绳网的缝合、连接要求施工。如缝合绳未能有效连接，应查明支撑绳与缝合绳之间间距(一般应紧密相连)是否太大，若太大应调小，且缩小缝合绳缝合间隔。格栅网间的缝合以及格栅网与支撑绳间用 ϕ1.2mm 铁丝进行扎结，钢绳网缝合绳为 ϕ8mm 钢绳，每张钢绳网均用一根长约 31m(或 27m)的缝合绳与四周支撑绳进行缝合并预张拉，缝合绳两端用两个绳卡与网绳进行固定连接。

3. 网材锈蚀维修

当柔性防护网出现网材锈蚀现象时，一般需要加强边坡排水措施，严格要求材料耐腐蚀性指标。抽检柔性防护网的耐腐蚀性能，确保使用合格材料。施工时尽量避免镀锌层破坏。先排除边坡地表、地下水，再更换铺设防护网。

4. 锚杆松动维修

当柔性防护网出现锚杆松动现象时，一般需要现场调查岩质边坡节理裂隙发育情况，根据结构面的发育情况设置锚杆长度，增大锚杆直径及锚孔孔径。修复设计时，应查清引起锚杆松动的具体原因，若因锚杆长度不足引起，应增加锚杆长度，使锚杆能提供有效锚固力；若因注浆体强度不达标引起，应采用 M30 水泥浆补强注浆或重新施打锚杆。现场施钻困难时，应及时联系设计方，改进钻孔工艺或改变设计方案。

5. 基座变形维修

当柔性防护网出现基座变形现象时，一般需要将基座基础设置于稳定地层或加大基础的埋深，增大钢筋锚杆锚固深度，如提高基座混凝土强度等级，适当增加钢筋数量等。若由基础不稳定造成基座变形，应当重新浇筑基础；若由锚杆长度不足引起松动，应重打加长锚杆，替换原有锚杆锚固。

6. 网材撕裂维修

当柔性防护网出现网材撕裂现象时，一般需要加固边坡表层岩土体，重新设计防护网，必要时采用框架防护。如果防护网的范围不足，应延伸防护网的铺设面积，使防护网有效防护面积覆盖整个边坡变形区域。网材撕裂修复应先清除坡表破碎、松动的石块，重新铺设防护网时，应适当加大铺设范围，根据边坡地形条件，一般应超出边坡掉块区域 2～5m。

7. 积渣外鼓维修

当柔性防护网出现积渣外鼓现象时，一般需要增设系统锚杆进行表层加固。在具体修复作业时，应将防护网“掀开”，清除网内碎渣，必要时清除坡表危岩体，清除完毕后再将防护网复位。对于掉块落石严重区域，应定期进行清渣。

七、锚杆(索)工程的维修

锚固工程常见破坏有锚头锈蚀、渗水、锚头断裂、框架底部掏空等,如图 3-7 所示。首先应查明锚固工程破坏类型、产生原因、缺损状态、危害程度和发展趋势等基本情况,然后结合具体边坡地形地质条件,及时采取经济可行和安全可靠的补强加固工程措施,恢复边坡锚杆(索)工程的作用和功能。

a) b) c) d)

图 3-7 锚杆(索)工程常见破坏类型

a)锚索断裂;b)锚头渗水;c)锚头脱落;d)框架掏空

1. 锚头锈蚀、渗水维修

当锚固工程出现锚头锈蚀、渗水现象时,一般需要完善边坡排水系统设计。对一般的锚头锈蚀,可涂漆进行防腐处理。渗水也可采用重新进行注浆(环氧树脂砂浆)处理,密实锚孔孔隙。对于较严重的锈蚀,应检测锚杆(索)的应力状态,若应力损失太大,应进行补偿张拉,张拉后再进行注浆处理。对渗水较严重的情况,应考虑采用综合坡体排水措施。

2. 锚头脱落、断裂维修

当锚固工程出现封锚脱落、锚筋断裂现象时,一般需要做好锚头防腐处理及封锚工作。必要时,增大锚杆(索)设计拉力,保证锚固段进入滑动面 1m 以上,且锚固地层能提供足够的锚固力。如果封锚脱落、锚筋断裂现象严重，应分析查明原因，并采取有效的补强加固工程措施，确保边坡稳定和结构安全。

3. 框架冲刷、悬空维修

当锚固工程出现框架基底掏空现象时，一般需要增加框架嵌固深度，框架内部采用植草或锚喷防护。局部框架基底冲刷悬空时，应及时采用浆砌片石或混凝土圬工回填嵌补，并整顺框架内排水，避免积水，可以采用预制块植草或片石等砌体封闭。

第四章　边坡病害专项整治和应急抢险

第一节　边坡病害专项整治

一、冲刷剥落病害防治

1. 病害现象

坡面冲刷指坡面岩土在坡面径流或暴雨的冲刷作用下产生泥石流失的现象(规模较大时可能产生坡面泥石流),如图 4-1 所示。

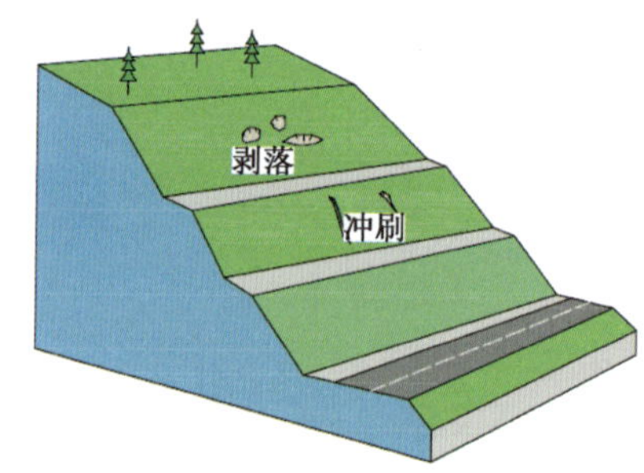

图 4-1　坡面冲刷与风化剥落病害

风化剥落指坡面裸露的岩体在岩石物理风化和水理作用下逐渐演变成碎屑物质剥离底层岩面而形成坠落的病害现象,如图 4-1 所示。

2. 病害原因

(1)边坡设计坡率较陡,植被防护形式不当,边坡排水系统设计不合理,边坡水体不能有效排出坡体外,导致水流冲刷坡面时,植被亦被冲刷。

(2)边坡排水系统,特别是截排水沟,未能有效形成一个完整的系统,雨季时水漫出水沟沿坡表流动,冲刷坡表岩土体。

(3)边坡平台排水沟淤堵,水流无法正常排出坡外,漫流至坡面,冲刷坡表岩土体。

(4)坡面松软,土体黏结性差,在降雨特别是暴雨条件下容易发生坡面冲刷。

3. 潜在危害

坡面冲刷病害在施工期十分常见,在运营期也时有发生,对于普通防护的低等级山区公路则更为普遍。一般情况下,边坡表面局部冲刷对边坡整体稳定性影响不大,但若冲刷严重,不仅影响边坡美观,而且会诱发边坡浅表层的坍塌等病害。

南方花岗岩地区常发育砂土状强风化层,颗粒较粗,黏粒含量很少,易崩解,抗冲刷能力很差，因此在雨季期间坡面冲刷现象十分严重，大量坡面冲刷物流向碎落台或路面，堵塞排水沟，常在坡面形成密集的冲刷沟槽，并导致喷播草籽流失而影响坡面绿化效果。

风化剥落是较为常见的岩质路堑边坡病害类型，硬质岩剥落较缓慢，而软质岩则相对较严重。边坡风化剥落对公路安全影响不大，但是若长期风化剥落，可能使边坡岩体形成较大的洼崖腔，使上部硬质岩体形成危岩。

4. 防治措施

一般情况下，为了防止边坡坡面冲刷和风化剥落病害，经常是根据边坡类型、物质和坡率等确定防护工程措施，如表 4-1 所示。

冲刷剥落病害常用防护工程措施　　表 4-1

边坡类型	防护类别	防护措施	常见坡率	物质组成	备注
土质边坡	植草防护	铺草皮	1∶1.5	坡洪积层	
		喷播植草	1∶1.25	坡残积层	
		三维网植草	1∶1	残积层、全风化层	
	骨架防护	浆砌片石骨架植草	1∶1	残坡积层、全风化层	
		预制块骨架植草	1∶1		
	片石护坡	浆砌片石护坡	1∶1	残坡积层、全风化层、砂土状强风化层	也适用于破碎岩石
		干砌片石护坡	1∶1		
岩质边坡	护面墙	孔窗式护面墙	1∶0.75	碎块状强风化层、弱风化层	用于土质边坡，坡率适当放缓
		等截面护面墙	1∶0.75		
		变截面护面墙	1∶0.5		
	喷浆防护	素喷防护	1∶0.25	微风化层	在土质边坡病害的应急抢险时也经常采用
			1∶0.5	弱风化层	
		挂网喷浆防护	1∶0.5	弱风化层	
			1∶0.75	碎块状强风化层	
		锚喷联合支护	1∶0.5	弱风化层	
			1∶0.75	碎块状强风化层	
	岩面植草防护	厚层基材喷播植草	1∶0.75	砂土状强风化层	
		混凝土框格植草	1∶0.75	砂土状强风化层	六棱块或砂袋植草

对于土质边坡，主要防止边坡产生坡面冲刷病害，常采用植被防护、骨架防护和片石护坡防护等工程措施。

对于岩质边坡，主要防止边坡产生风化剥落病害，常采用护面墙防护、喷浆防护和岩面植草防护等工程措施。

二、掉块落石病害防治

1. 病害现象

掉块落石是指坡体上由于节理、风化等形成的小型土块或岩石等分离体在重力、冰劈、根劈或其他外力的作用下从坡顶或坡面掉落的病害现象，如图 4-2 所示。

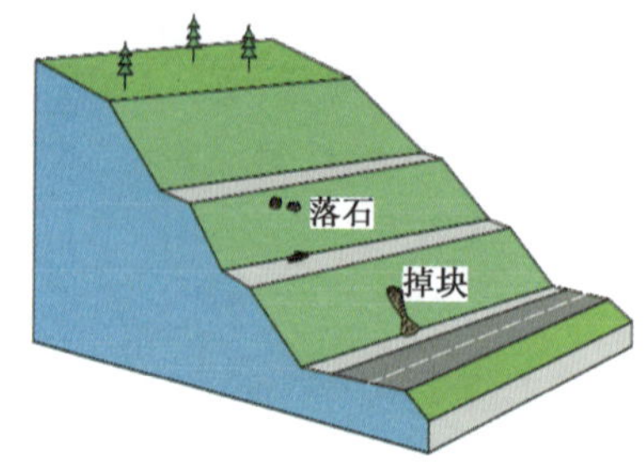

图 4-2 掉块落石病害

2. 病害原因

部分边坡岩石裸露，坡面构造发育，岩体破碎，没有采取任何防护措施，容易产生掉块落石病害；或者，虽然采取了防护工程措施，但其防护结构强度不足，在重力、降雨及风化等物理作用下，容易产生防护结构破损失效，坡面形成落石或危岩体，诱发掉块落石病害。

3. 潜在危害

掉块落石的物质来源有两种：一种是坡顶或坡面由于风化破碎、植物根劈形成的碎石或崩塌残留物；一种是由于结构面切割形成的小型楔体。土块的来源通常为坡顶覆盖层的解体物质。一般掉块落石的体积较小，其破坏力也不大，但高边坡的掉块落石，其能量也不可低估，常构成较大的安全隐患和威胁。

4. 防治措施

一般来说，对掉块落石可采用挂网锚喷和柔性防护网进行防治。挂网锚喷防护为全封闭防护，对掉块落石的防护效果较好，但不适用于地下水较发育的边坡，且其景观效果较差，近年来在高等级公路边坡工程建设中较少采用。柔性防护网适用于具有浅表层岩土体变形滑动、危岩落石等潜在地质灾害的土质和岩石边坡的防护加固，是在一定条件下替代传统喷射混凝土、浆砌片石护坡的一种新技术，具有环保、美观、适应各种复杂地形等突出优势，已在边坡防护中得到了广泛应用。

柔性防护网分为主动防护网和被动防护网两种。主动防护网是采用高强度钢丝格栅覆盖边坡，通过钢筋锚杆来固定（一般按梅花形布置，根据需要施加一定的预应力），从而防止边坡掉块落石的一种柔性防护方法，如图 4-3 所示。

被动防护网是基于拦挡掉块落石的目的而设计，它由钢丝绳网或环形网（需拦截小块落石时附加一层铁丝格栅）、固定系统（锚杆、拦锚绳、基座和支撑绳）、减压环和钢柱等四个主要部分构成，如图 4-4 所示。

除采用挂网锚喷和柔性防护网外，还应视具体的情况结合其他防护加固措施。

（1）对顺倾层状边坡引起的掉块落石，不宜放缓边坡，应针对层面产状，采用锚索框架、锚杆框架、钢锚管注浆甚至抗滑桩等方案综合比选进行防护加固。

（2）对反倾层状边坡引起的掉块落石，应针对倾向临空贯通结构面，采用多种支撑结构综合比选进行防护加固。

(3)对破碎岩石边坡引起的掉块落石,可放缓坡率,采用钢锚管注浆结合锚杆框架进行防护加固。

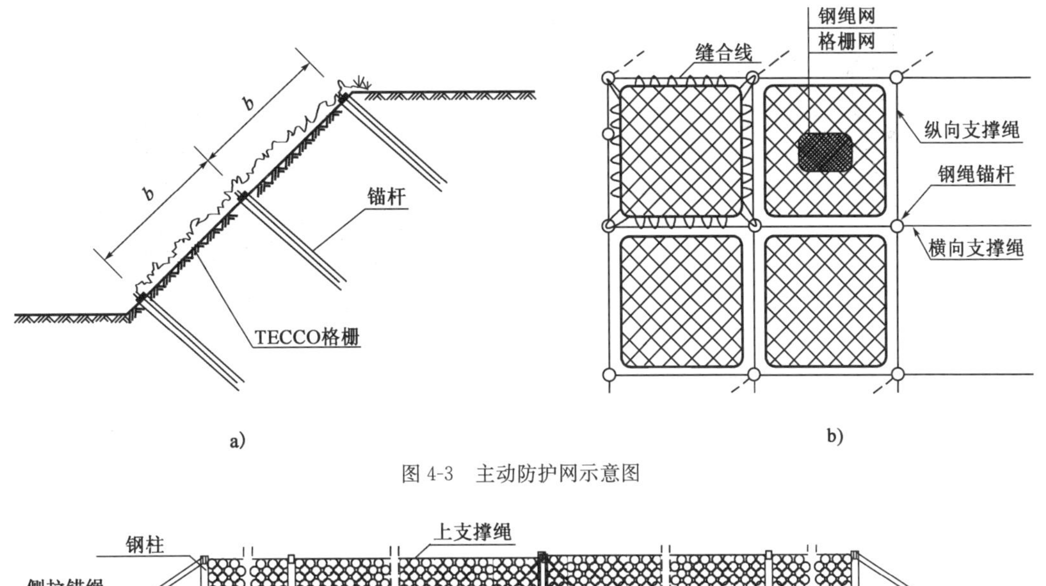

图 4-3　主动防护网示意图

图 4-4　被动防护网示意图

三、崩塌坍塌病害防治

1.病害现象

崩塌是指坡体上部分岩土体在重力作用下突然脱离坡体向下坠落、翻滚甚或碰撞,并堆积于坡脚的坡体病害现象。大小不等、零乱无序的岩块(土块)呈锥状堆积在坡脚的堆积物称崩积物,也可称为岩堆或倒石堆。

坍塌是指土质边坡或破碎岩石边坡,在降雨或地下水等触发因素的作用下,由于坡脚软化失去支撑,致使其上覆相应部分岩土崩解、坍落,并散堆于坡脚的坡体病害现象。典型公路边坡崩塌坍塌病害如图 4-5 所示。

2.病害原因

(1)岩土类型是产生崩塌的物质条件。不同类型岩土形成崩塌的规模大小不同,通常坚硬岩石、石质黄土、密实黄土等容易形成规模较大的崩塌,软弱岩层及松散土层等,往往以坠落和剥落病害为主。特殊的膨胀土斜坡,由于土体不断受到胀缩交替作用,强度大幅度降低,甚至坡度 1∶5 的坡体也会产生坍塌。

(2)地质构造,如节理、裂隙、层面、断层等对坡体的切割、分离,为崩塌的形成提供脱离体的边界条件。坡体中的各结构面越发育越易产生崩塌,与坡体延伸方向近乎平行的陡倾角构造面,最有利于崩塌的形成。

(3)高陡边坡往往是崩塌形成的有利地形。一般认为,坡度大于45°(如坡率为1∶0.75的台阶边坡)的边坡即可能产生崩塌病害。

a)

b)

图4-5 典型公路边坡崩塌坍塌灾害

a)边坡崩塌;b)边坡坍塌

(4)大气降雨,特别是台风暴雨和长时间的连续降雨,使地表水渗入坡体,软化岩土及其中软弱面,并产生动静水压或孔隙水压力等破坏作用,从而诱发崩塌。

岩土软弱、强度较低、结构松散、地下水丰富等因素是边坡产生坍塌的内在条件,大气降雨、人工开挖等是边坡坍塌的触发因素。特别是在台风暴雨季节,经常产生边坡坍塌病害,其中,又以基岩顶面覆盖层的坍塌较为多见。

3.潜在危害

崩塌一般具有突发性,破坏力强,常造成较大的危害。崩塌可以分为滑移式崩塌、倾倒式崩塌和错断式崩塌三种类型。坍塌具有富水性和突发性,在路堑边坡工程中较为常见。

局部的崩塌或坍塌可能造成部分公路中断,当其向后牵引、发展为大规模的边坡滑坡时,一般会对高速公路建设施工和长期运营构成潜在威胁,甚至会引起大范围的破坏,造成公路阻塞、交通中断或掩埋车辆,潜在威胁性大。

4.防治措施

进行崩塌防治前应充分调查研究岩石结构面和各类节理裂隙面,分析崩塌的形成机制和扩展趋势,再结合具体的防治目标才能有效防治。常用的崩塌防治方法有:

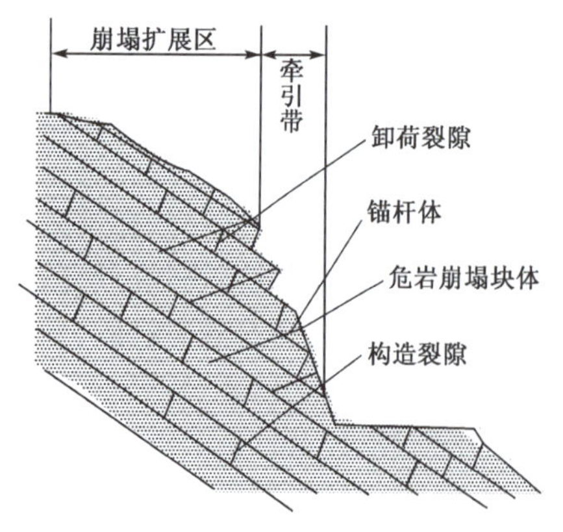

图4-6 锚杆加固防治方案

(1)系统锚杆与挂网喷浆相结合(锚喷联合支护)。在裂隙较为密集的卸荷裂隙区和危岩区,先清除部分危岩体,用系统锚杆结合挂网喷浆加固危岩体,以达到减缓卸荷裂隙的产生和卸荷裂隙区的扩展以及加固已经形成的危岩体的目的。这是防治崩塌最常用也是适用性最普遍的方法。

(2)锚杆(索)加固。对较完整的悬挑且不宜卸荷的危岩体,可以采用锚杆(索)等锚固工程进行加固,以保持危岩体的稳定性,如图4-6所示。

(3)遮挡避让。对直接加固困难或加固成本高的高陡危岩边坡,可以采用遮挡避让的方法防治崩塌危害。

(4)柔性防护网。对于崩塌范围较大但危岩体块体较小的边坡，可采用 SNS 主动或被动防护网进行防护。

常见的坍塌防治方法有：

(1)排水工程。主要包括用以拦截坡体以外的地面水及排除坡体范围内的地表排水工程和用以排除坡体内部的层间水及地表渗水的地下排水工程。

(2)防护工程。改善坡面土体固着力并防止表面冲刷的植被工程，用以防护坡体冲刷的浆砌片石护面墙或骨架式砌片石构筑物(骨架内填土应夯实植草)。

(3)支挡工程。对土质边坡的坡脚及坡体内发生的坍塌，可视坍塌体的规模及边坡的具体情况采用挡土墙、抗滑桩等支挡工程。

(4)锚固工程。当坍塌体剪出口较高或坍塌体规模较大时，常采用预应力锚杆(索)或锚管注浆等加固工程措施。

四、边坡滑坡病害防治

1.病害现象

边坡滑坡是边坡上的部分岩土体由于各种原因在重力作用下沿一定的软弱面(或软弱带)整体向下滑动并以水平运动为主的坡体地质病害现象，如图 4-7 所示。

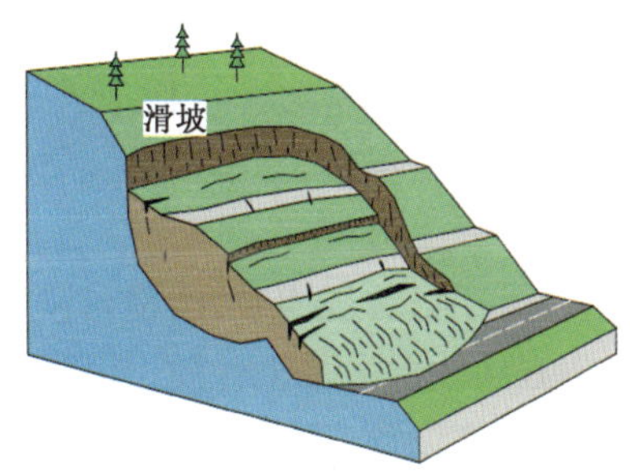

图 4-7　边坡滑坡病害

2.病害原因

(1)边坡土体松散，抗剪强度低。从边坡的物质组成来看，松散土层、碎石土、风化壳和半成岩地层的岩土抗剪强度低，容易产生变形而下滑。

(2)边坡存在软弱结构面。从边坡的坡体结构条件来看，组成边坡的岩土体只有被各种构造面切割分离成不连续状态时，才有可能向下滑动的条件；软弱结构面的存在，特别是缓倾临空的不利结构面是边坡滑坡滑带形成的主要依附面。

(3)大气降雨的影响。降雨对滑坡的作用主要表现在，雨水的大量下渗，导致边坡上的岩土饱和，甚至在边坡下部的隔水层上积水，从而急剧增加孔隙水压力，降低滑带岩土的抗剪强度，导致滑坡的产生。

(4)人为开挖不当诱发滑坡。公路建设开挖高陡边坡的破坏作用和力学影响往往是边坡滑坡的直接触发因素。

3.潜在危害

滑坡是边坡工程常见的和重要的病害现象之一。滑坡一般性质复杂，规模相对较大，灾害后果严重，治理工程投资和难度也相对较大。

滑坡可能造成部分公路中断，砸坏或掩埋车辆，破坏性大。滑坡一般会对高速公路短期内或长期运营均构成潜在威胁，甚至会引起大范围的破坏，造成公路阻塞，引起交通中断，潜在威胁性大。

4.防治措施

滑坡防治应遵循“以防为主、防治结合，一次根治、不留后患”的原则。目前常用的滑坡防治措施有：

(1)减重反压。即在滑体上方滑动部分刷方减重，减小下滑力，同时将刷方转移至滑体的抗滑段，起到填方加压的作用，促使滑体趋于稳定。

(2)排水措施。在滑体上方和两侧设置截水沟，在滑体上布置树枝状排水沟，使地表水不能进入或渗入滑体内，且排水沟不能漏水，须经常检修；根据滑坡体地形和水文地质条件，在坡体外或坡体内修筑盲沟或构筑支撑盲沟群，以截断或排出地下水流。对于深层滑坡，地下水埋藏较深，可考虑采用排水隧洞和有水平管道的垂直渗井、水平钻孔群和渗管疏干等。

(3)支挡工程。对于滑面浅、规模小的滑坡，可选择砌石圬工重力式挡土墙；对于滑面深、体积大的滑坡，为了避免在抗滑段开挖挡土墙基坑可能引起滑坡进一步发展，可采用抗滑桩作为支挡结构物；对于陡滑面滑坡，因下滑力大，施工难度高，宜采用预应力锚索抗滑桩或抗滑明洞并填土反压。

(4)滑体加固。对于滑坡规模较大，滑带土主要为黏土、泥化夹层者，可采用石灰桩、石灰砂桩及合适的化学方法改善滑带土性质，使滑坡得到治理；对于潜在不稳定或蠕动的密实粉质黏土或松散破碎岩坡，宜设预应力锚杆(索)锚框架、地梁、锚墩等锚固工程，将锚杆(索)锚固于潜在滑面以下的稳定岩层，从而增大破坏面上的阻滑力；对于宽度受限的已有公路加宽，其坡体需要防护者，可采用加筋技术，如加筋土挡墙，且带护面板的加筋土可做成陡坡。

(5)绕避措施。对于滑坡频繁发生地段，整治困难或费用较高时，可选择改移线路位置，或选用隧道避开滑坡，或采用桥梁跨越滑坡。

第二节　边坡灾害应急抢险

一、应急抢险目的

为了保障高速公路运营安全，提高边坡灾害的应急抢险能力，最大限度地减少边坡灾害造成的损失，相关养护管理部门应完善高速公路边坡灾害应急抢险机制，落实边坡灾害应急抢险预案，组建边坡灾害应急抢险救援队伍。一旦遇有边坡灾害发生，抢险队伍应该能够在最短时间内到达现场，开展应急抢险作业，科学、有序、安全、快速地组织实施边坡灾害应急抢险工程，尽快恢复交通，确保交通安全。

二、应急抢险体系

为了对边坡灾害险情实施科学管理与处置，必须建立和完善边坡灾害应急抢险体系，达到"及时发现、准确报告、及时处置、科学疏导、快速救援、恢复交通、确保安全"的目标。边坡灾害应急抢险体系应包括险情发现报告、应急抢险预案、应急抢险组织、应急抢险实施、工程效果评价以及公路交通恢复等主要工作内容和工作流程，如图 4-8 所示。

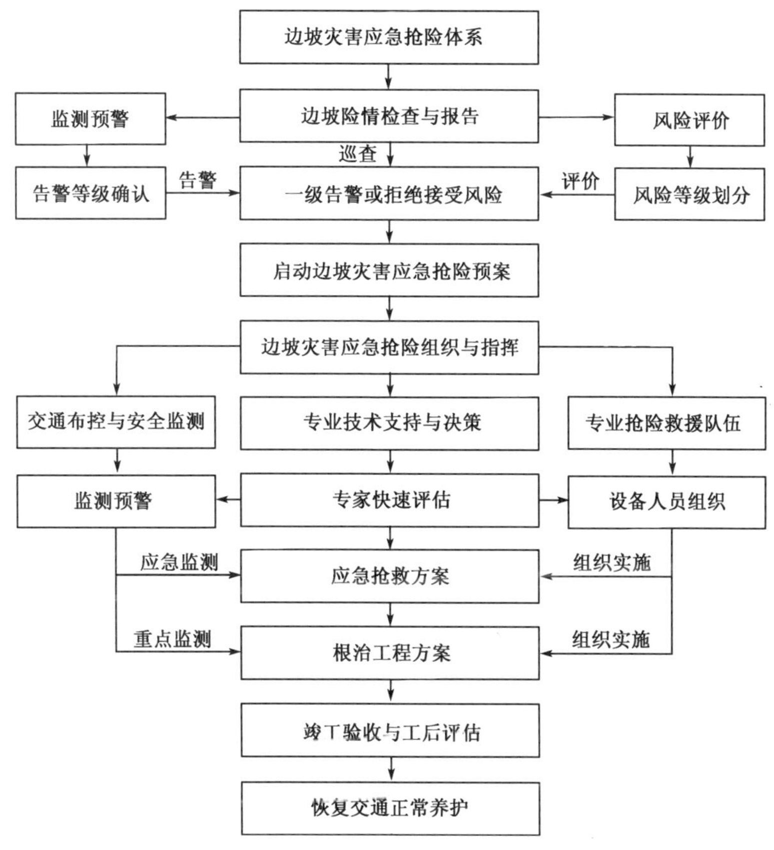

图 4-8　边坡灾害应急抢险实施流程图

边坡险情检查与报告主要来源于三个渠道：首先是日常巡查发现险情直接报告；其次是通过边坡安全监测预警系统告警；还有就是通过边坡安全风险评估确定。如遇一级告警或拒绝接受风险，则提出险情发现报告。

一旦确认边坡险情，应根据险情性质、规模和等级立即启动相应的边坡灾害应急抢险预案，落实边坡灾害应急抢险组织与指挥体系。边坡灾害应急抢险组织主要包括公路交通布控与边坡安全监测、边坡灾害专业技术支持与决策、边坡工程专业抢险救援队伍组织等三个方面。

(1)交通布控与安全监测是边坡灾害抢险过程中的安全保障，主要提供监测预警成果，包括适用于应急抢险工程实施阶段的应急监测以及适用于根治工程实施阶段的重点监测，并为竣工验收与工后评价提供依据。

(2)专业技术支持与决策包括专家快速评估险情,及时提出应急抢险工程方案,为边坡灾害根治工程方案设计奠定基础。

(3)专业抢险救援队伍是边坡灾害应急抢险的重要主体,包括机械设备与施工人员的组织与管理,负责对应急抢险方案的组织与实施,直至根据根治工程方案实施全部整治工程措施。通过竣工验收或工后评估,确认边坡稳定,恢复交通,进入正常养护。

三、应急抢险组织

1. 指挥体系

指挥体系的指导思想是贯彻落实上级主管部门关于加强边坡灾害抢险应急救援的有关精神,提高边坡灾害抢险应急小组的响应速度和决策指挥能力,有效预防、及时控制、减小或消除边坡失稳造成的次生危害,保障高速公路使用者的生命与财产安全。

边坡灾害应急抢险救援需要反应快速的养护队伍,因此必须要有完善的指挥体系才能保证抢险救援的顺利实施。一般应建立应急抢险指挥部,确保物资、设备、资金的供应。边坡灾害应急抢险需至少具备以下几个小组:

第一小组,边坡灾害快速评估与应急方案专家组,由边坡专业单位的专家或技术负责人担任组长,组员不少于3人,由滑坡专家、地质专家、工程专家等组成。

第二小组,边坡灾害监测预警组,由边坡专业的监测技术负责人担任组长,组员不少于3人。

第三小组,边坡抢险施工作业组,由具有多年地质灾害及高速公路施工经验的技术人员担任组长。小组成员应包含地质工程师、测量工程师、设备工程师及特种设备操作工等若干。

2. 行动体系

(1)应急抢险救援队负责人在接到抢险指令后,应在第一时间上报抢险指挥长并同时安排抢险救援人员和设备立即赶赴现场。确保各组人员和抢险设备能够在最短的时间内到达指定抢险现场。

(2)应急抢险救援队受指挥部直接领导和指挥,各部门全力配合,在抢险救援的人力、财力、物力等方面给予充分保障。在接到抢险任务后,各部门和各项目组应全力配合,确保抢险救援及时顺利实施。

(3)抢险救援队全体成员应经培训后上岗,并在平时进行不定期的教育培训工作。

(4)做好抢险设备及物资的必要保养和维护,在抢险队伍进场后,应做好物资的收、支登记。

四、应急抢险专业设备

边坡灾害一般具有突发性,这就要求边坡抢险施工必须具备快速、高效的特点,然而常规的养护施工设备一般难以满足边坡抢险施工的要求,因此边坡抢险施工必须配备相应的专业设备。常用的专业抢险设备如下:

1. 长臂挖掘机

长臂挖掘机(图4-9)主要用于挖掘清理边坡20～35m范围内的坍塌体、危石等,避免边坡高处的小规模坍塌体落入运营高速公路范围内，适用于普通挖掘机无法处理高度范围的小规模坍塌病害抢险。两种常用长臂挖掘机主要技术参数见表 4-2。

该设备充分结合高速公路坍塌抢险的特点，移动方便、挖掘效率高、挖掘范围大；最大限度地发挥工程机械的生产效率，节省时间，降低生产成本，具有良好的社会和经济效益；设备最大挖掘(或清理土石)高度可达 35m；为预防高处危石下落、治理小规模坍塌创造了有利条件；在高速公路养护中已经获得了成功的应用，具有推广价值。

2. 潜孔钻机

潜孔钻机主要用于微型桩、锚索、锚杆、小导管注浆、井点降水等的钻孔作业。设备特殊技术参数：最大成孔深度不小于 80m，可跟套管钻进。潜孔钻机如图 4-10 所示。

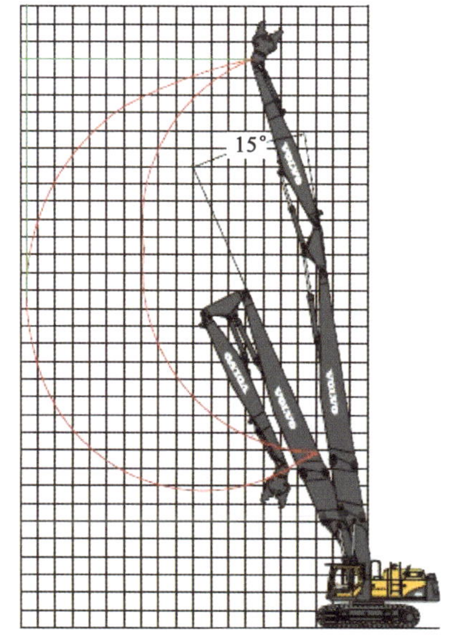

图 4-9　长臂挖掘机示意图

图 4-10　潜孔钻机

两种常用长臂挖掘机主要技术参数　　表 4-2

参　　数	沃尔沃 EC480D	沃尔沃 EC700CL
设备质量(t)	约 55	约 80
挖掘高度(m)	26～29	30～35
工作时占路宽(m)	6.5	7.15
发动机转速(r/min)	1 400～1 600	1 400～1 600

3. 空压机

空压机主要用于微型桩、锚索、锚杆、小导管注浆、井点降水等成孔作业中供应钻机风压。设备特殊技术参数：排气量 $20m^3$ 以上，柴油动力。空压机如图 4-11 所示。

4. 高压注浆泵

高压注浆泵主要用于加固工程的注浆施工。设备特殊技术参数：最大注浆压力大于 5MPa，最大流量大于 250L/min。高压注浆泵如图 4-12 所示。

图 4-11　空压机

图 4-12　高压注浆泵

五、应急抢险要点

(1)边坡灾害应急抢险前需要布置好交通防控措施，避免抢险施工造成交通拥堵、影响行车安全等问题。注意抢险人员、设备的安全。

(2)抢险人员需要对边坡病害类型与性质进行快速评估判识，将边坡崩塌坍塌病害与边坡较大规模的滑动变形区分开来，避免由于判断失误影响抢险决策和抢险效果。

(3)抢险人员需要判断崩塌坍塌、滑坡病害的稳定状态和发展趋势，尽快开展边坡变形破坏的监测预警，指导抢险救援工作，避免二次崩坍或滑动造成人员伤亡和财产损失。

(4)刷方减重与坡脚反压，对于滑坡的应急抢险往往是最直接有效的措施；如果滑坡滑动变形较大，更应尽早实施。

(5)滑坡病害常发生在雨季，因此截排水措施在滑坡抢险初期尤其重要。建立简易快速的截排水措施，将地表水引排至滑坡体外。此外，井点降水等措施也是简单易行且有效的措施。

(6)对于滑坡的变形监测需特别注意滑坡的滑动速度，建议建立地表监测、裂缝监测、深部位移监测等综合监测措施。如果出现滑坡变形加速或剧烈变化等情况，应立即启动应急预警预案，及时封闭交通，避免边坡大规模失稳造成更大的危害。

第三节　应急抢险工程对策

一、崩塌坍塌抢险对策

1.清理土石方(图 4-13)

图 4-13　清理土石方

边坡发生崩塌坍塌病害后，一般应对塌滑体进行清理，尽快恢复交通，但在清理前需对坡体稳定性进行快速评估和判识。如果边坡有继续崩塌或坍塌的危险，甚至可能产生较大规模边坡滑动变形和破坏时，不宜盲目地在坡脚大规模清坡刷方。如果坍塌堆积的土石能够起到反压的作用则应保留坡脚堆积体，否则应尽快清除坡脚及坡面松散的土石。

2. 堆沙袋拦挡隔离

采用在路肩上堆砌沙袋的方式，进行拦挡隔离，避免坍塌土石侵入路面。如有落石危害，可在沙袋中间设置彩钢板等增加拦挡高度。

3. 锚喷防护(图 4-14)

锚杆挂网喷射混凝土具有施工快速便捷，施工后能快速发挥加固作用的特点。对于清理后的坡面，采用锚喷施工工艺能快速地保护裸露的岩土体表面，短时间内控制病害的进一步发展。避免雨水冲刷、下渗引起的破坏，结合系统锚杆或预应力锚杆能够对潜在的不利结构面或失稳块体起到有效的加固作用。

图 4-14　锚喷防护

4. 柔性防护网(图 4-15)

a)

b)

图 4-15　典型边坡防护网工程

a)主动防护网；b)被动防护网

柔性防护网工程主要以拦石网为主，以覆盖(主动拦石网)和拦截(被动拦石网)两种基本形式防治各类坡面地质灾害和爆破飞石、坠物等危害，是一种柔性防护措施。同时由于其施工工艺成熟，施工工期较短，能够快速发挥作用，对于崩塌的岩石边坡尤其适合。

(1)主动网：主动拦石网采用锚固和支撑绳固定方式将钢丝绳网覆盖在具有潜在地质灾害的坡面上，从而实现坡面加固或限制落石运动范围。

(2)被动网：被动拦石网采用锚固、钢柱、支撑绳、拉锚绳和减压器等固定方式将钢丝绳网在直面上形成栅栏形式以拦截落石，其中减压器穿挂于支撑绳和上拉锚绳上，能通过位移等方式吸收能量，对系统起到过载保护的作用。

5. 小导管注浆(图 4-16)

采用外径 50mm 的钢管，按一定间距在管壁上钻孔，将钢管打入或钻孔后再置入钢管。采用低压间歇注浆的工艺对小导管周围松散岩土体或裂隙进行注浆加固。

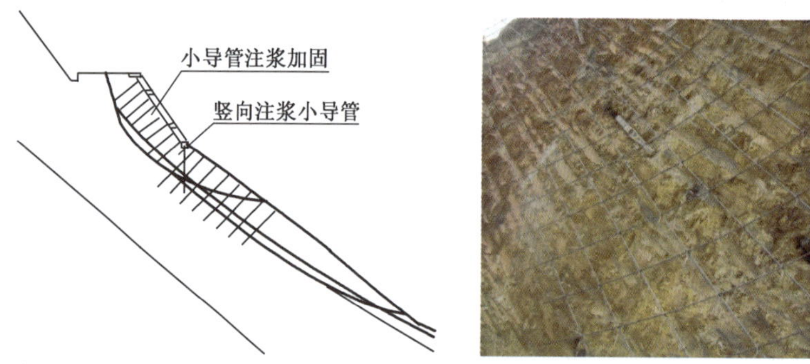

图 4-16　小导管注浆

二、边坡滑坡抢险对策

1. 刷方减载(图 4-17)

在滑坡体的上部进行刷方减载是直接有效的减小滑坡推力的措施之一，上部刷方减载的土石方，还可以作为堆载反压的材料。刷方减载对于具备刷方条件的滑坡应用广泛、切实有效。

图 4-17　刷方减载

2. 堆载反压(图 4-18)

图 4-18　堆载反压

在滑坡坡脚剪出口位置堆载反压，能增大滑坡的抗滑力，对于路基有隆起、剪出危险的滑坡则更加有效。

3. 封闭裂缝(图 4-19)

对于滑坡变形过程中产生的裂缝需尽快封闭，避免大量雨水渗入滑坡体及滑动带。

4. 地表地下排水(图 4-20)

通过修筑截排水沟、仰斜排水孔或井点降水等措施，拦截地表水，排除地下水，降低地下水位，能有效提高滑动带的抗滑力学性能。

图 4-19　封闭裂缝

5. 微型桩(图 4-21)

微型桩一般是指桩径不大于 300mm、长细比大于 30、桩长不大于 30m 的钻孔灌注桩。桩体主要由压力灌注水泥(砂)浆或细石混凝土与加筋材料所组成，根据其受力需求加筋材料可为钢筋、钢棒、钢管或型钢等。微型桩布置灵活，可根据工程需要做成垂直的或者是倾斜的，可以是单根的，也可以是成群的。微型桩具有施工较快，注浆水泥终凝后快速发挥作用的特点，

a)

b)

图 4-20　地表地下排水工程

a)坡体截水沟；b)仰斜排水孔

近年来在滑坡抢险中得到了大量的应用。

图 4-21　微型桩施工

第四节　病害整治典型案例

一、坡面冲刷病害整治

1. 病害概况

某边坡坡面发生大面积冲刷、剥落等病害。边坡病害整治前的状况如图 4-22a)所示。

2. 整治措施

完善排水设施,对一级平台增设排水沟,对于坡面冲刷、剥落区域恢复原坡面的植被防护;一级坡面采用系统锚杆结合 SNS 主动防护网防护,主动网铺设范围应超过病害区域外边缘 2～5m。

3. 工程效果

目前边坡状况良好,如图 4-22b)所示。

a)

b)

图 4-22　坡面冲刷病害整治

a)整治前;b)整治后

二、掉块落石病害整治

1. 病害概况

某边坡坡体下部岩石节理裂隙发育，一级边坡见有大面积冲刷、剥落、掉块等病害。边坡病害整治前的状况如图 4-23a)所示。

2. 整治措施

边坡一级平台设置排水沟；在坡面冲刷剥落区域采用系统锚杆结合 SNS 主动防护网防护，主动网铺设范围应超过病害区域外边缘 2～5m；由于隧道口仰坡局部未进行锚喷处理，见有岩石裸露、松动，故在岩石裸露、松动区域采用系统锚杆结合 SNS 主动防护网防护，铺设至三级植草坡面。

3. 工程效果

目前边坡状况良好，如图 4-23b)所示。

a)

b)

图 4-23　掉块落石病害整治

a)整治前；b)整治后

三、危岩崩塌病害整治

1. 病害概况

某公路高边坡，区段长约 570m。其中右侧 70m 边坡由崩坡积碎块石组成，左侧 500m 边坡均为岩质边坡，坡高多在 40～60m，坡面陡峭，坡度多大于 50°。该段边坡在公路开通后已多次发生边坡的掉块落石现象，其中中段 60m 边坡发生过较大规模的崩塌，崩塌岩体积约 1 000m^3。由于边坡高度大，崩塌体造成路面下边坡垮塌。边坡病害整治前的状况如图 4-24a)所示。

2. 整治措施

(1)锚固工程：针对崩塌的不同区域采用预应力十字面板、系统锚杆＋挂网锚喷防护。

(2)排水工程：

①地表排水。在该段边坡堑顶线内侧 5m 处设置截水天沟，截水天沟位置可根据实际地

形适当调整；

②平孔排水。在右侧110m段边坡坡脚设置平孔排水，排水孔间距3m；

③急流槽。在边坡中部自然冲沟处设置急流槽。

3. 工程效果

整治加固后，工后监测结果显示边坡整体处于稳定状态，如图4-24b)所示。

a)

b)

图4-24　危岩崩塌病害整治

a)整治前；b)整治后

四、坍塌坍滑病害整治

1. 病害概况

某高速公路高边坡在强降雨作用下，边坡中上部发生坍滑。边坡整治前的状况如图4-25a)所示。

2. 整治措施

边坡坍滑部位采用预应力锚杆框架进行加固，另外在堑顶增设一道截水天沟。

3. 工程效果

边坡整治工程后未出现变形位移，处于稳定状态，如图4-25b)所示。

a)

b)

图4-25　坍滑病害整治

a)整治前；b)整治后

五、边坡滑坡病害整治

1.病害概况

某高速公路边坡开挖后出现数次变形，进行了多次工程变更，路基右侧现设计为6级挖方边坡，边坡最大高度48m，坡率为1∶1.25～1∶1.5，边坡主要采用预应力锚索框架进行防护，坡脚采用C20片石混凝土挡土墙固脚。

2011年3月中旬，该边坡发生较大变形，距线路约235m位置的自然山坡上出现拉裂缝；滑坡周界内出现几道次生拉裂缝，裂缝最大宽度35cm，错台约20cm，深度约2m；滑坡右侧拉裂缝明显，左侧裂缝较不明显。边坡上锚索夹片破坏严重，部分锚索锚垫板受力破坏，锚索框架伸缩缝结合处错动明显，锚索预应力检测结果显示坡面锚索均出现预应力损失情况，预应力普遍损失50%。前期的深孔位移监测孔有3个孔被剪断，其他检测孔均出现变形迹象。同时在滑坡右边界前缘出现泉点，日出水量为1.5t。坡脚挡土墙沉降缝错动约2cm，挡土墙顶有裂缝迹象。局部区段路基面出现鼓胀，路基右幅水稳层出现垂直线路裂缝，右侧山坡滑坡导致线路左侧的边沟出现破坏，左幅路基鼓胀高度约20cm，水稳层裂缝最大约5cm，线路左侧矮边坡亦由于受力出现溜塌、垮塌。边坡病害整治前的状况如图4-26a)所示。

2.整治措施

由于该滑坡规模大、性质复杂、纵向长度大，故采取两排抗滑桩进行治理，并辅以其他锚固工程和综合的滑坡治理工程措施。主要加固工程措施包括：锚索抗滑桩、锚索框架、锚索地梁、地表排水工程、地下排水工程、裂缝回填等。

3.工程效果

2012年监测结果显示，滑坡局部有变形调整反应，后趋于稳定，目前边坡整体处于稳定状态，如图4-26b)所示。

a)

b)

图4-26　滑坡整治

a)整治前；b)整治后

六、山体滑坡病害整治

1.病害概况

某高速公路隧道进口段仰斜坡，在其隧道掘进过程中，产生了典型的山体滑坡病害，山顶出现多条明显的张拉裂缝，并在隧道内壁中发现多处由滑坡变形形成的斜向裂缝，对隧道的安全施工产生极大的威胁，迫切需要采取强有力的工程措施以保证边坡稳定与隧道安全。滑坡整治前的状况如图 4-27a)所示。

a)

b)

图 4-27 滑坡整治效果

a)整治前；b)整治后

2. 整治措施

1)减重工程

本滑坡采用刷方减载结合加固工程进行综合整治，坡面共设计为 5 级，单级坡面为 8m。第 1 级坡率 1∶0.75，坡高 8m，坡脚切方 1～3m；第 2 级坡率 1∶1.0，坡高 8m，坡脚设 3m 平台；第 3 级坡率 1∶1.0，坡高 8m，坡脚设 10m 宽平台；第 4 级坡率 1∶1.5，坡高 8m，坡脚设 12.5m 宽平台；第 5 级坡率 1∶1.5，刷方至顶，坡脚设 12.5m 宽平台。

2)锚固工程

边坡第 1 级主体段落设计预应力锚索框架加固，框架单片宽 8m，设 4 孔锚索分 2 排布置，锚索上排长 33m，下排长 30m，锚固段均长 10m，每孔锚索设计拉力 700kN。

边坡第 2 级主体段落设计预应力锚索框架加固，框架单片宽 8m，设 4 孔锚索分 2 排布置，锚索上排长 35m，下排长 33m，锚固段均长 10m，每孔锚索设计拉力 700kN。

边坡第 3 级主体段落设计预应力锚索框架加固，框架单片宽 8m，设 4 孔锚索分 2 排布置，锚索上排长 34m，下排长 32m，锚固段均长 10m，每孔锚索设计拉力 700kN。

3)防护工程

边坡第 1 级框格内及两侧局部开挖坡面设 TBS 植草灌防护。

边坡第 2 级和第 3 级框格内及两侧局部开挖坡面设 CF 网植草灌防护。

边坡第 4 级和第 5 级坡面设喷播植草灌防护。

4)排水工程

为加强滑坡体地下水引排，在隧道洞顶截水沟上方 1m 处布设一排仰斜排水孔，排水孔长 25m，间距 5m，形成有效的地下水引排系统。

在边坡坡顶设钢筋混凝土矩形截水沟或浆砌片石截水沟一道，拦截地表汇水；在各级边坡平台的坡脚设挡水埂式排水沟，各级平台均按设计要求设 10%横坡坡率的外倾式排水；对第 4

级和第5级缓坡刷方坡面要求增设树枝状排水沟与急流槽及平台排水沟顺接，以形成完善的地表水引排系统。

5)监测工程

在治理后的滑坡体上布设3条深部位移监测断面开展深部位移动态监测。

在边坡各级按设计锚杆和锚索总孔数的5%布设锚索测力计，进行锚下预应力长期监测工作。

3. 工程效果

整治加固后，监测曲线反映该滑坡未见变形活动情况，边坡处于稳定状态，整治效果良好，如图4-27b)所示。

第五章　边坡动态监测和工后评估

第一节　边坡动态监测

受地形地质条件复杂、环境因素脆弱以及大气变化和人类活动等的影响，山区高速公路边坡工程易发生崩塌或滑坡等地质灾害，危害高速公路畅通和交通运输安全。因此，开展边坡安全监测，分析判断边坡稳定状态，降低边坡工程安全风险，是指导边坡工程建设和保障高速公路运营安全的重要保障。

一、边坡动态监测的目的和意义

自然斜坡或人工边坡在各种动力因素和环境条件的影响和作用下，丧失坡体稳定性，产生变形破坏，诱发滑坡灾害，这一灾变过程是动态变化发展的过程。监视和观测滑坡在孕育、发展和灾变全过程中的各种特征因素和参量，即称为边坡动态监测。

边坡动态监测的目的是通过监视坡体的稳定与安全，研究坡体的变形发展过程，为设计、施工、养护决策等提供和积累可靠的资料。通过动态监测可以较准确地把握坡体变形、应力变化以及地下水活动等动态特征和发展规律，进一步查明坡体病害的性质、规模、成因、滑面形态和滑坡推力等；分析判断坡体稳定性状态及其发展趋势；必要时可进行监测预警或灾害预测预报，以指导边坡工程建设和保障边坡运营安全。边坡动态监测也是边坡防护加固或整治工程效果评估与预测的重要手段之一。

由于坡体工程地质条件、水文地质条件以及岩土力学性质的复杂性，一般的地质勘察不能全面地揭露坡体条件，处治设计也不能完全考虑到边坡内部的真实力学效应。因此，为了反映边坡岩土真实力学效应、检验设计施工的可靠性和处治后的边坡稳定状态，开展边坡工程动态监测具有重要的意义。

二、边坡动态监测的主要内容和方法

为了监视边坡的稳定与安全，除了常采用的宏观变形巡查手段之外，边坡工程监测主要包括变形监测、应力监测以及水文等其他特征量监测。其中，变形监测主要包括地表变形监测、地下变形监测(坡体内部)以及结构变形监测；应力监测主要包括坡体岩土应力监测(地应力)、结构应力监测(锚索锚杆应力、桩身墙身应力)以及接触应力监测(结构与岩土相互作用)；其他监测包括气象监测、地下水监测、声发射和地温等特征量监测等，如图 5-1 所示。

1. 变形监测

变形监测包括地表变形监测、地下变形监测和结构变形监测等三项基本工作内容。

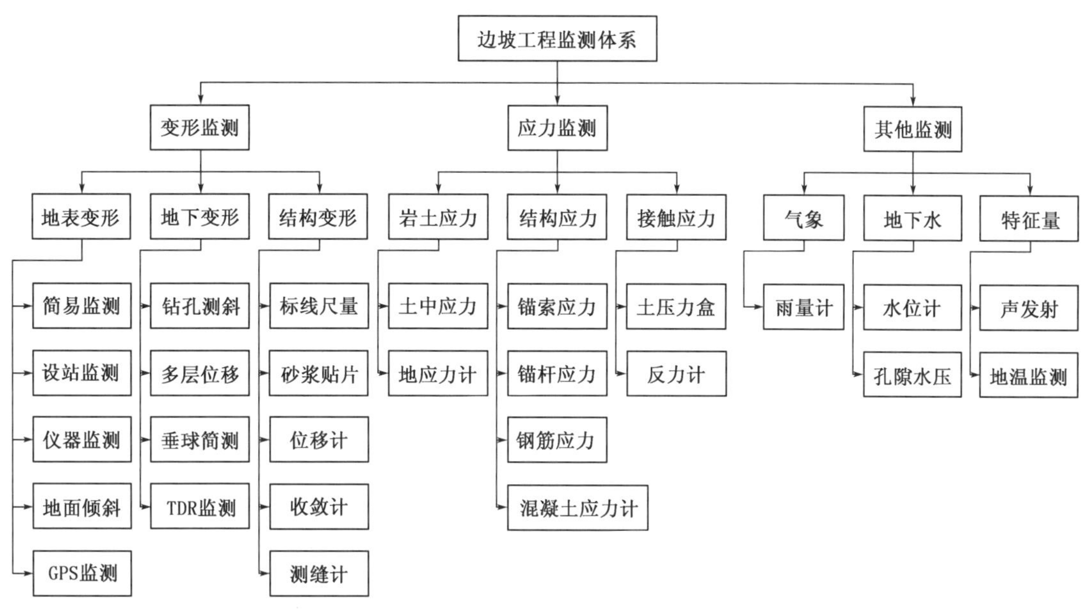

图 5-1 边坡工程监测主要内容和方法

1)地表变形监测

(1)监测目的

地表变形监测的目的在于了解和掌握坡体表面的变形活动状况和变化规律,可以用于确定坡体的变形范围以及变形发展阶段,掌握坡体变形的基本性质和发展趋势,为进行边坡工程地质勘察、防护加固工程设计和边坡灾害预警奠定基础。

(2)监测内容

当前,地表变形监测工作内容主要有地表裂缝监测、坡面位移监测和地面倾斜监测。根据设置监测设备部位和监测方法的不同,又可划分为地表绝对变形监测和地表相对变形监测(如裂缝监测)。

(3)监测方法

①简易监测

在边坡地表变形监测的实践过程中,现场的工程技术人员,结合实际工作情况,因地制宜地创造出了许多简易监测方法。这些监测方法不需要特殊的仪器设备,监测部位也比较灵活便利,并且只需进行简单的分析计算就可以得出基本可靠的监测结论。

这里介绍两种最基本的简易监测方法。当边坡地表出现明显的裂缝变形时,为了监测边坡地表裂缝的变形活动和发展情况,基于临时性保障施工、生产、生活及交通运输等安全的目的,在边坡现场经常采用如图 5-2 所示的两种简易监测方法。

观测桩应该结合所观测边坡裂缝的发育与展布特点,设在相对稳固的地方。

上述监测方法一般用于边坡产生崩塌或滑坡时的后缘裂缝监测,当出现明显的前缘剪出裂缝时,或称舌部向前错出时,这种简易监测方法也常被采用。该监测方法既简单又实用,但其监测结果比较粗糙，其可靠性存在一定的局限和不足。

边坡地表变形简易监测周期一般是根据边坡地表裂缝的变形快慢决定。最初宜采用3d或一周监测一次。如果边坡地表裂缝变形缓慢，则采用每隔一月或半月监测一次。如果边坡地表裂缝进入加速变形阶段，则采取每天监测一次。如果边坡地表裂缝变形进一步加剧，或者由于结构或工程的重要性及某些特殊目的和要求，尚需加密监测，可以一天几次定时监测。

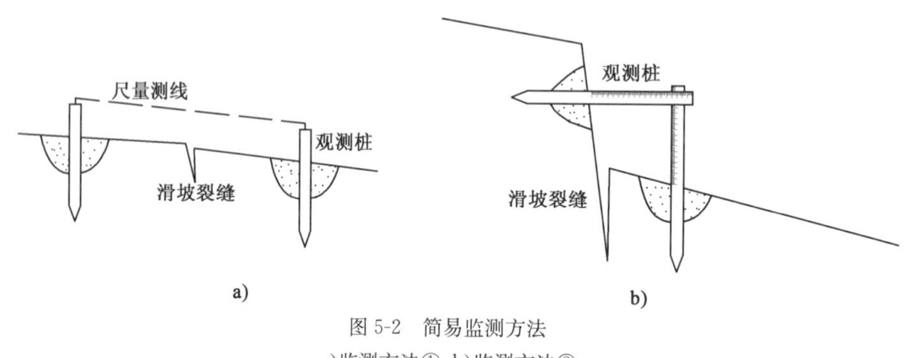

图5-2　简易监测方法

a)监测方法①；b)监测方法②

②设站监测（全站仪监测）

边坡设站监测一般是指在建立监测网的基础上进行边坡地表变形监测的一种监测方法。对于地表裂缝不甚明显、滑动方向尚不确切、坡体变形比较微小的边坡，采用简易监测方法进行边坡地表变形监测有一定的难度，难以达到其监测目的和工程实践的客观要求时，则必须建立监测站或监测网，采用精密仪器进行监测。部分边坡的规模较大，边坡性质复杂，且其危害比较严重，简易监测方法只能反映边坡体的局部变形活动动态，无法控制和掌握边坡体的整体变形状态和规律，此时必须采用精密监测方法进行边坡地表变形监测。因此，设站监测方法也称为坡体变形整体监测方法，特别是对于那些规模巨大、性质复杂的大型边坡的监测预报具有极重要的作用和意义。

设站监测是建立在监测网的基础上，边坡监测网一般由置镜桩、照准桩、监测桩和水准桩所组成，通过在边坡体上布设成若干条监测线，多条纵、横交错的监测线即构成一个边坡监测网，如图5-3所示。

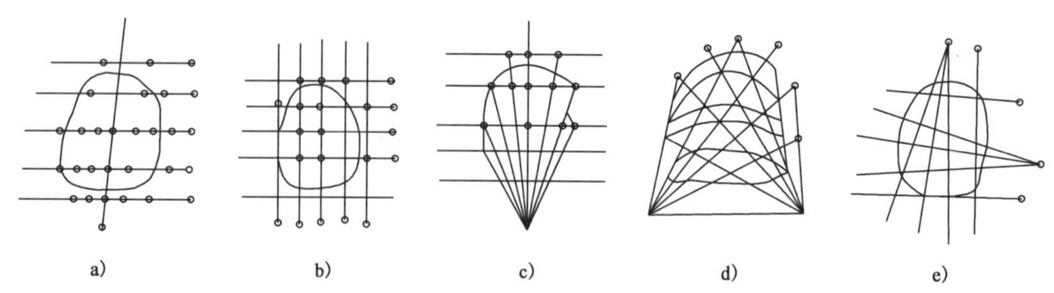

图5-3　边坡监测网示意图

a)十字交叉网；b)正方格网；c)放射状网；d)基线交点网；e)组合交叉网

用于边坡监测网的照准柱和置镜桩必须设在变形体以外且通视条件好的稳定坡体或建筑物上，观测桩和水准桩应该设在能较好反映坡体变形且相对稳固的地方，如图5-4所示。

通常采用经纬仪量测各监测桩在平面上两个方向的位移，采用水准仪量测其高程的变化，从而把握坡体变形的整体活动状态和规律。

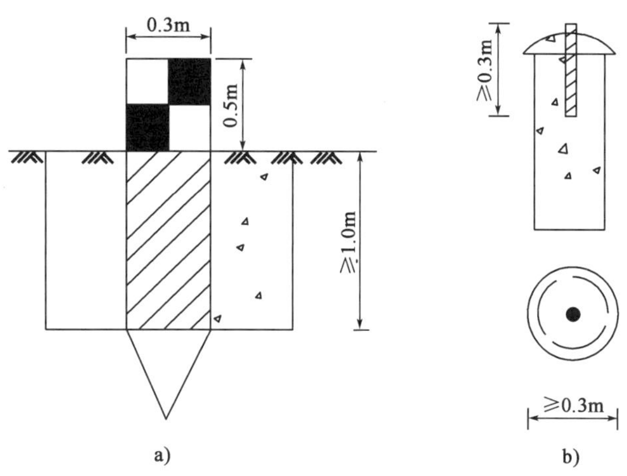

图 5-4　照准桩和观测桩的设置

a）照准桩；b）观测桩

近年来，光电测量仪器应用渐趋广泛，如全站仪监测手段经常被采用。此外，立体摄影测量等大地测量方法也开始在边坡监测中使用，特别是卫星定位系统等高新技术的应用，将大力推动边坡监测技术水平的提高。

③仪器监测（主要裂缝监测）

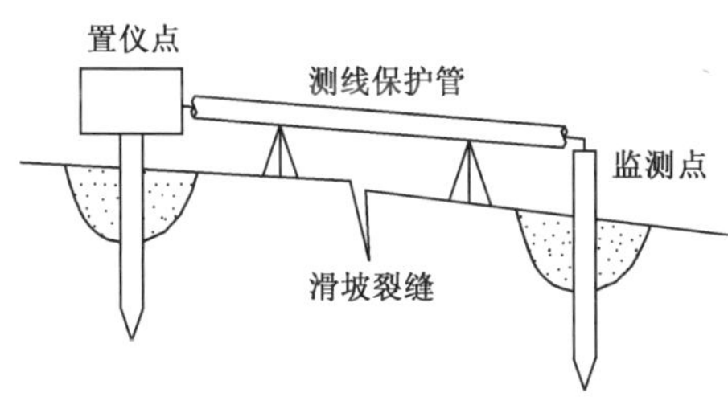

图 5-5　主要边坡裂缝监测示意图

对于地表裂缝变形活跃的边坡，需要了解和掌握其主要边坡裂缝连续变形活动动态，或者由于工程或建筑的重要性，需要重点设防监测，一般采用埋设专门的监测仪器的方法实施边坡主要裂缝监测。因此，这种主要裂缝监测方法也称为埋设仪器法。

边坡地表变形主要裂缝监测方法，一般是在边坡地表主要裂缝两侧沿滑动变形方向分别布设置仪点和监测点，其示意结构如图 5-5 所示。

边坡主要裂缝监测所采用的仪器也称为边坡自记位移计，常用来监测地表裂缝的伸缩变形或位移，因此又称伸缩计。近五十年来，国内外从事边坡研究与实践的科技工作者和工程技术人员，根据上述监测原理和方法，最早是研制生产了机械式边坡自记位移计，随着电子技术和遥测技术的发展和应用，随后又研制开发了电子式边坡自记位移计，并开发应用了边坡变形遥测系统，包括有线遥测和无线遥测，加强了计算机控制与管理，实现了实时监测、无人值守，进一步完善和提高了边坡地表变形监测技术。

④地表变形倾斜监测

在边坡变形发育、发展和破坏的过程中，边坡体表面通常会产生不同程度的地表倾斜变形，从而反映边坡变形的发生范围、发育阶段和变化规律。监测边坡地表倾斜变形的活动状态和发展趋势的监测方法称为边坡地表变形倾斜监测。边坡地表变形倾斜监测所采用的是一种专门的量测仪器，最早是水准管式简易仪器，通过一对纵横水准管的水准泡偏离，换算和合成地表的倾斜变形方向及其变形量大小。近年来，为了改善和提高其监测精度，应用电子技术研制开发了一些轻便先进的仪器设备，大大加强了边坡地表变形倾斜监测的实用性和可靠性。地面倾斜仪如图 5-6 所示。

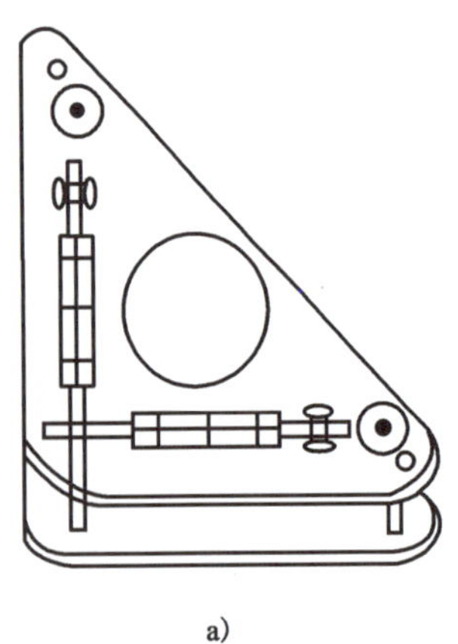

a)

b)

图 5-6 地面倾斜仪

a)水准管式地面测斜仪；b)电子式地面倾斜仪

边坡地表变形倾斜监测可以有效可靠地确定边坡体的变形范围，并能从一定程度上反映和体现边坡变形的活动状态和发展规律，特别是对于边坡前缘剪出口的分析与判断和边坡滑动方向的确定具有极为重要的作用和意义。

(4)监测成果

在边坡地表变形监测工作实施过程中或者监测完成后，必须对所取得的数据资料进行判断，鉴别监测资料是否正确，并对大量的监测资料进行去粗取精、去伪存真的计算、分析和整理。必要时尚需进行现场校核和更正，以确保所得监测资料准确可靠。

在丰富翔实、准确可靠的边坡地表变形监测数据资料的基础上，通过计算、分析和整理，可以得出如下几个方面的监测成果。

①了解和掌握边坡体变形状态。通过将监测资料绘制在边坡平面图上，比较不同时刻的监测资料变化，常以不同的线条和颜色加以区分，可以比较形象直观地把握边坡变形动态和发展规律。

②确定坡体变形活动范围，即边坡变形或滑坡周界。一般，通过比较分析不动监测桩点与滑动监测桩点，可以比较容易界定边坡变形或滑坡周界位置。特别是边坡地表变形倾斜监测，对于变形微小或缓慢的边坡，将显示其独特的优势和作用。

③判定和区分不同变形性质的边坡。一般，同一边坡不同部位的变形速度和方向存在一定的相关性和规律性，通过分析整理边坡地表变形监测资料，可以辅助确定边坡变形破坏产生滑坡的分块、分级和分条。同时，可以基本确定边坡变形破坏产生滑坡的力学模式和成灾机制，如推动式滑坡或牵引式滑坡、突发高速滑坡或缓慢蠕动滑坡等。

④确定滑坡滑动的主轴位置和主滑方向。将边坡地表变形矢量绘制在平面图上，或者绘制各种等值线图，搜索其最值点或特征点，可以比较形象直观地确定边坡滑动的主轴位置和主滑方向，对于边坡整治工程设计和边坡灾害评估与预测将具有重要的作用和意义。

⑤进行边坡变形破坏及滑坡发生时间预报。边坡地表变形监测是进行滑坡发生时间预报的主要监测手段和方法。在准确可靠的边坡地表变形监测成果资料的基础上,基于可靠的预报理论,采取有效的预报策略,结合边坡变形的宏观迹象以及相关因素,做出准确的边坡变形破坏及滑坡灾害发生时间预报,及时采取减灾防灾对策,将滑坡灾害可能造成的损失减少到最低的限度。

2)地下变形监测

(1)监测目的

在进行边坡的简单分析与计算过程中,大多假定边坡滑动为整体滑动。其实,一座边坡,特别是大型边坡,一般不以整体变形的方式滑动。由于边坡的地形、地质条件复杂,物质组成不均,结构强度各异,往往地表变形和地下变形不尽一致。因此,除了进行边坡地表变形监测之外,必要时还需进行边坡地下变形监测,了解边坡地下变形的活动状态和变化规律,全面把握边坡坡体的变形动态过程。同时,地下变形监测是探明滑带位置和滑面形态的最直观有效的措施之一。

(2)监测内容

边坡地下变形监测的主要工作内容有孔内变形监测或洞内变形监测。孔内变形监测是在边坡的纵横断面上利用地质勘探钻孔或专门设置监测钻孔,在孔内埋设监测仪表或设备进行监测。洞内变形监测,由于成洞造价较高,施工亦比较困难,一般不设专门的监测平洞,而是利用已有的地质勘探平洞,往往是在边坡变形破坏产生滑坡的滑动面附近埋设监测仪器进行滑面变形监测。在条件许可的情况下,洞内变形监测将更为直观可靠。

(3)监测方法

①钻孔测斜仪

钻孔测斜仪是近年来国内外使用比较普遍的边坡监测仪器之一。它是利用钻孔打透滑动面直达稳定地层之中,一般深入稳定地层或基岩 3～5m,并且要求下设专门的套管,套管内壁设有十字滑槽,以供测斜探头上下滑行,然后定期将测斜探头放入测斜套管之中,测定不同深度位置上测斜套管的倾斜变化,并可换算孔内不同深度的位移变形。钻孔测斜仪主要由测斜管、测斜探头和读数器三个部分组成,如图 5-7 所示。

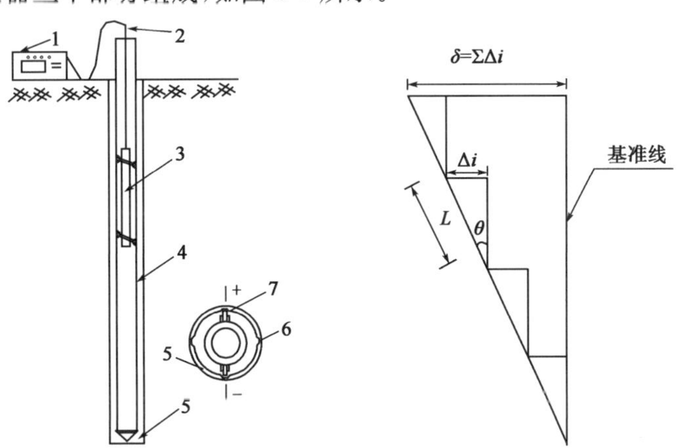

图 5-7　测斜仪量测原理示意图

1-读数仪;2-传输电缆;3-测斜探头;4-测斜管;5-孔壁回填;6-导向槽;7-导向轮

测斜套管常有铝质和塑料两种，管壁外侧要求用水泥砂浆或细砂填塞密实，以避免套管在孔内不稳而产生套管附加变形的影响；测斜探头是钻孔测斜仪的主体，设有两对滑轮，其设计制作精密，滑动灵活，决定孔内测斜的精确性和可靠性；读数器把测斜探头有关电信号通过传输电缆传输到接收器转换成数字信号，并进行相操作和处理，以数据或图表等结果输出。

这种监测方法对于确定滑动面的位置非常有效，因为钻孔在滑动面处的倾斜变形最大，特别是对那些变形微小的边坡，其可靠性和有效性尤为突出。但是，由于测斜套管本身刚度的影响，将从一定程度上影响钻孔深部变形监测的精确性和可靠性。特别是对滑动变形大的边坡，将会剪坏或剪断测斜套管，直接影响边坡地下变形的监测。

钻孔测斜仪也可以采用固定的方式将一个或多个测斜探头埋设在一个钻孔内，监测不同深度处的倾斜变形。其优点是可以实现实时连续监测，但因其测点布置灵活性较差且测斜探头和电缆均为一次性投入，不能重复使用，成本较高，一般不被广泛采用。

②多层位移计

为了解边坡深部变形的活动状态，特别是当边坡体内存在多层滑动面时，各层的滑动变形各不相同，则可采用边坡多层位移计在钻孔内各不同层位埋设固定点进行各层滑动变形监测。其基本原理和工作方法与边坡地表变形自记位移计基本相同。

③垂球简测法

结合具体工程实际情况，可以利用地质勘探钻孔设置硬质塑料管，或直接利用水文地质监测孔，采用测绳系接球形重锤放入塑料管内，直抵孔底，另一端固定在孔口处。其目的是测定边坡深部变形可能的滑动面位置。当边坡地下深部某处发生变形时，将使塑料管挤弯或剪断，提升孔口的测绳，当垂球升到变形部位时就将受阻卡住，记录测绳读数，即为可能滑动面的埋深。如从孔口放入另一垂球，到某一位置垂球停止下移时，并记录测绳位置，如两次记录在一定的误差范围之内，则其中值为该滑动面的位置；否则可能存在两个或两个以上的滑动面。这是一种经济简单的确定滑动面的方法，但其监测结果往往比较粗糙。

(4)监测成果

边坡地下变形监测，常以钻孔倾斜监测为主，因此，在此主要介绍钻孔倾斜监测结果的计算、分析和整理。由于测斜管的扭转变形将直接影响测斜监测成果的计算与分析，因此在进行孔内测斜监测之前或其过程中，有一项必不可少的工作，即量测测斜管的扭转变形，对于现场获取的所有测斜数据资料都必须进行扭转变形校正，以获取真实可靠的倾斜变形和位移。边坡地下变形孔内倾斜监测成果主要可以体现为钻孔深部位移变形图(图 5-8)和钻孔深部位移变形表以及孔口合位移量大小和位移方向。其作用主要是确定边坡各层滑动面的变形位置和方向，掌握边坡地下深部变形的活动状况和发展趋势。

3)结构物变形监测

(1)监测目的

在边坡坡体变形活动的过程中，位于坡体上的结构物(包括桥梁、隧道、路面结构、护坡、挡土墙、侧沟、天沟、截排水沟、盲沟、检查井、抗滑工程结构以及工矿房屋建筑等)，由于自身结构刚度相对较大，它们往往对坡体变形的反映最为直接和敏感。进行边坡建筑变形的监测，可以辅助工程技术人员分析边坡的滑动性质、滑体规模和滑体变形状态，便于掌握边坡变形破坏产生滑坡的发生原因、稳定程度及其发展趋势，并且可以为滑坡整治工程设计提供各种现场参考指标。在滑坡勘察过程中，或者在滑坡地表或地下变形监测的同时，建议实施建筑物变形监测。如果建筑物已产生变形裂缝，常可采用如图5-9所示的简易观测方法。

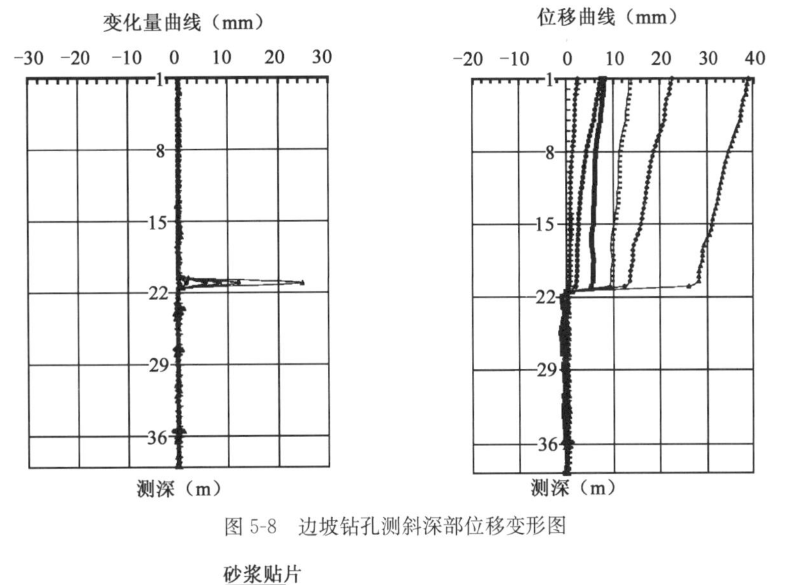

图5-8　边坡钻孔测斜深部位移变形图

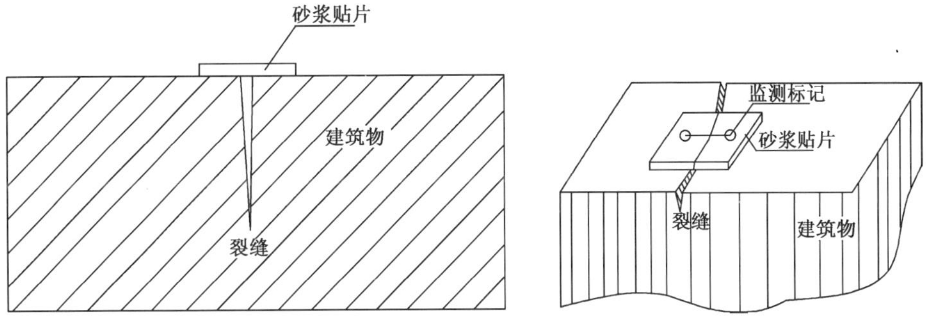

砂浆贴片
建筑物
裂缝
监测标记
砂浆贴片
裂缝
建筑物

图5-9　边坡建筑物裂缝监测示意图

(2)监测内容

边坡建筑物变形监测内容一般包括在建筑物上所产生的各种变形迹象的发生时间、部位、产状、形态、力学性质、破坏范围和发育程度，变形动态过程，以及加固维修的历史记录等。

(3)监测方法

建筑物变形监测的监测程序和方法可以大致概括如下：

①将坡体上的主要建筑物测绘上图，一般为1∶500的工程地质平面图，根据需要亦可做出各种断面图或展示图形，并在图上标注各建筑物变形的部位、时间、顺序、产状和简要形态。

②进行各建筑物变形情况素描(一般要求附注照片)，并记录其变形的力学性质、产状、形态和发展趋势。

③对于产生裂缝变形的建筑物，一般采用水泥砂浆贴片监测。砂浆贴片比较简单，一般贴于建筑物变形开裂的代表性部位和裂缝头部的两侧，采用裂缝监测镜或钢尺直接量测，并标注

裂缝的位置、产状、性质和状态。对于建筑物变形量较大和变形速度较快的情况，亦可采用裂缝伸缩仪或收敛计进行精密监测。

④对于产生下沉变形的建筑物，常在该建筑物上标设固定标志，并设水准基准点，利用水准仪进行下沉变形量监测，其工作原理和技术要求与前述地表变形水准监测完全相同。

⑤对于产生倾斜变形的建筑物，简单的监测方法是在该建筑物上、中、下分别标设固定标志，采用经纬仪监测各标志点之间的变化，或者用地质罗盘量测其倾角的变化，亦可采用地面倾斜仪进行精密监测。

(4)监测成果

建筑物变形监测的监测周期，一般要视建筑物的变形速度和建筑物的重要性而定，一般为每月一次；如果变形急剧或者建筑物的稳定与安全非常重要，应加密监测，5～10d 需要监测一次；如果变形速度缓慢，则可 2～3 月监测一次。

为了确保工程安全，一般需要坚持监测，直至边坡建筑物变形完全终止，或者有关工程施工全部结束以后，方可停止监测。

2.应力监测

边坡变形发生和发育的过程，其实际是边坡坡体内部岩土应力变化和发展的过程。为了深入了解边坡的变形性质、变形机制、稳定程度和发展趋势，在条件适当和经费许可的情况下，可以采用边坡应力监测，包括土中应力监测和结构应力监测，从而查明边坡坡体内部岩土或整治工程结构的应力分布、活动状态和发展规律。

1)土中应力监测

(1)监测目的

土中应力监测的目的是监测坡体内部岩土的应力变化动态。通过土中应力监测，了解坡体应力分布状态，定量解析坡体变形破坏机制，帮助工程技术人员认识边坡变形破坏的性质和规模，准确把握边坡的稳定程度和发展趋势。

(2)监测内容和方法

边坡土中应力监测包括土体应力监测和岩体应力监测两项主要内容。土体应力监测是在各类土体中埋设应力计进行监测；岩体应力监测则是采用钻孔应力解除方法等进行原位应力监测，或者在岩石节理或裂面部位安装量测应力仪器实施监测。

(3)监测成果

边坡土中应力监测的方式一般为流动监测(定期监测)或实时监测(连续监测)。依据其监测结果，通过分析、计算与整理，绘制坡体应力状态分布图或坡体应力变化分布图，可以通过应力矢量表示或者应力等值线表示。通过对上述图件进行分析处理，可以定量地了解和掌握边坡坡体应力分布状态、变化特征和发展规律，并可与有关数值分析和模拟成果进行相互比较和验证。

2)结构应力监测

在边坡应力监测中除了边坡岩土应力监测外，对于坡体防护加固工程结构的应力监测也十分重要。结构应力监测主要包括桩板墙、抗滑桩、挡土墙等支挡工程结构物应力监测以及锚固工程中的锚杆(索)应力监测等。

3.其他监测

边坡动态监测，除了上述监测内容和方法之外，当边坡变形破坏可能产生较大规模的滑坡灾害时，尚可结合边坡工程实践的具体情况和要求，开展边坡环境因素动态变化的监测，如降雨量监测，温度、湿度监测，风速、风向监测，地下水动态监测，以及地震前兆信息监测等。

1)降雨量监测

(1)监测目的

大气降雨是边坡变形破坏产生滑坡等地质灾害的主要触发因素之一。一般，在每年雨季或雨季过后，常有大量的滑坡灾害发生和其他类型的坡体变形破坏，特别是在丰水年份或强降雨期，滑坡灾害损失更为严重。对潜在滑坡灾害发生区域或滑坡场地进行降雨量监测，可以更清楚地掌握滑坡灾害的发生机理、活动状态和发展趋势，并为滑坡灾害预警、预报服务。

(2)监测内容

在潜在边坡失稳发生滑坡灾害区域或滑坡场地设置降雨量监测，可以是定期记录监测，如年降雨量、月降雨量、日降雨量、小时降雨量和十分钟降雨量；或者是连续记录监测，即每隔几分钟记录一次数据，同样可以统计计算其年、月、日和小时降雨量。

(3)监测方法

降雨量监测的监测方法一般都较简单，通常采用普通雨量计进行监测，定期记录降雨量数据，如每天抄记一次，或每次降雨抄记一次，遇有大暴雨时，尚应记录暴雨强度和持续时间。近年来，随着电测技术的发展和进步，降雨量实时监测成为可能，即自动采集记录降雨量数据，从而使降雨量监测资料更全，监测精度更高，并且，监测工作更为便利可靠。

(4)监测成果

通过对边坡区域或滑坡场地的降雨量监测数据资料进行整理、分析和归纳，可以得到其年降雨量、月降雨量、日降雨量和小时降雨量等历时动态水平和变化规律，以及降雨持续时间等，并以各种图表方式进行表达和体现。其中，区域降雨量监测成果可以通过研究分析提取临界降雨量指标，从而对潜在边坡失稳区域进行边坡灾害区划和评估，并提出比较可靠的边坡灾害预警结论；场地降雨量监测成果能够反映滑坡场地的坡体变形动态与降雨量变化水平的相关关系，依此可以预测滑坡坡体变形发育状态和发展趋势。

2)地下水动态监测

(1)监测目的

滑坡区地下水一般是滑坡发育、发展，或复活变形、破坏成灾的重要作用因素，特别是对于大型复杂的滑坡，其水文地质条件则更为复杂。滑坡区地下水动态规律与坡体变形活动状态密切相关。对滑坡区地下水动态进行长期监测，可以明确地下水活动与滑坡滑动的相关关系和作用规律，并可检验各种排水工程的工程效果。通过滑坡地下水动态监测，往往可以避免灾难性的滑坡事故的发生。如在滑坡急剧大滑之前，其地下水的水位和水质将会发生显著的变化，同时，滑坡前缘随着滑坡趾部的前移将会流出大量的泥水，有些常年泉眼可能会变小或变干，有些干涸的泉水可能会重新出水、变浊。从而，根据这些前兆迹象可以及时采取必要的减灾防灾措施，避免灾难性事故发生，防止或减少滑坡灾害损失。

(2)监测内容

滑坡地下水动态监测，常布设在钻孔、泉眼、试坑、隧洞、平孔和沟水等出水部位，包括涌水量、水位、水温和水质化学成分等工作内容。其中，水文地质钻孔监测是滑坡地下水动态的主要和重要监测项目，一般布设在滑坡区供水部位的主要含水层上，在相似的水文地质条件下，如为同一含水层时，其监测孔数量一般不小于 3 个，以便进行对比和校核。水文地质钻孔应尽量利用地质勘探孔。水文地质监测孔常用不同口径的套管加固孔壁，主要包括三个部分，即管盖、管身和花管(过滤管)。花管位于含水层中，其外侧裹包金属或化纤滤网，在孔底和花管周围填塞砂砾，其上部套管外侧则用黏土充填密实，孔口加盖上锁保护。

(3)监测方法

①监测周期：滑坡地下水动态监测期限一般至少一年，必要时可以进行长期监测，直至滑坡变形活动终止。地下水动态监测密度，一般为旱季每月一次，雨季每月不小于两次，雨后应该加密监测，在条件许可时可每隔 3～5d 监测一次。目前，随着地下水监测技术的发展和监测水平的提高，不间断的连续记录地下水动态实时监测技术的应用日趋广泛，并显示出其独特的精确性和可靠性。在滑坡整治工程施工的过程中，特别是排水工程施工，要随施工进程不断监测施工影响的测点。另外，同一滑坡区的地下水监测应在同一天之内完成，以利比较分析。

②涌水量监测：一般在涌水钻孔、泉眼、隧洞和平孔中进行。为便于监测，常设堰监测，涌水量不大时，也可采用容积法进行监测。在对泉水监测时，应注意其出水部位的改变、堵塞、复活、混浊和携流物等情况。

对滑坡区可能供水的自然沟也应进行涌水量监测，一般分段设置固定的监测点，采用三角堰监测流量，每条沟在同一时间内自下而上一次监测。

③水位监测：常采用测水钟或自记水位计量测，每次水位监测时应连续量测 3 次，取其接近的两次水位的平均值作为正式记录，量测精度要求控制在 1cm 之内。

④水温监测：在水文地质钻孔中使用缓变温度计量测，一般需在水下放置半小时后取出读数方为可靠。在泉水中可以用普通温度计插入出水口部位量测，经 5min 后即可读数记录，并同时做好气温记录。目前，水位水温计的应用使边坡水位、水温监测更为方便和准确。

⑤水质化学成分监测：水化学成分一年内按季节提取 4～6 次水样，如在春、夏、秋、冬季末和水位最高及最低时进行取样，然后分别进行水质化学成分化验分析。

(4)监测成果

通过滑坡地下水动态监测，可以将滑坡区地下水的涌水量、水位、水温和水质化学成分等监测资料整理绘制历时曲线图或等值线图进行分析，一般常与降雨量和滑坡坡体变形历时资料等一起对比分析，研究其相互关系和相关规律，以明确和把握滑坡的滑动性质、活动状态及其变化规律和发展趋势。

3)孔隙水压力监测

(1)监测目的

在滑坡坡体的变形破坏过程中，滑带岩土的孔隙水压力变化将直接影响坡体的稳定状态和坡体变形的活动规律。由于滑坡区地下水动态的变化，随着滑带岩土孔隙水压力的升高，其有效应力将会相应减少，从而引起滑坡下滑推力增大，滑坡滑动变形速度加快，直至坡体破坏下滑成灾。对于大多数滑坡灾变过程，其孔隙水压力的变化能够反映和体现滑坡坡体变形的动态特征和发展规律。滑坡孔隙水压力监测的目的有二：其一是用于滑坡稳定性分析和滑坡推力计算；其二是研究滑坡滑带岩土与滑坡坡体变形的相关特性和动态规律。特别是对于江河、库岸或海岸等水下斜坡，孔隙水压力监测更为重要。

(2)监测内容

滑坡孔隙水压力监测，一般是利用滑坡地质勘探钻孔或水文地质钻孔，在滑坡滑带附近布设测点，有条件且有必要时，也可在滑坡前缘出口开挖探坑布设测点，监测其滑带岩土内部孔隙水压力的活动状态和变化规律。

(3)监测方法

滑坡孔隙水压力一般采用专用仪器设备(孔隙水压计)实施监测，孔隙水压力量测设备包括三个部分：孔隙水压计(探头)、电缆线和读数器。在滑坡孔隙水压力的监测实践过程中，常有两种监测方式。首先，是在滑坡地质钻孔勘探的同时，当其钻孔深度达到某重要地层时(如滑动面附近)，即在钻头上安装可回收使用的孔隙水压力探头进行量测，常称滑坡坡体孔隙水压力即时状态监测，量测完毕继续向下钻孔勘探；在地质勘探钻孔完成，即成孔之后，根据地质勘探的成果资料和工程实践需要，在孔内布设测点，并按照一定的技术要求埋置孔隙水压探头，可以定期进行流动监测，或者进行不间断连续记录实时监测，一般为长期动态监测，直至滑坡变形活动终止。

(4)监测成果

通过分析滑坡滑动面孔隙水压力监测的即时状态资料，可以比较准确可靠地分析计算滑坡坡体的稳定状态和下滑推力，并为滑坡整治工程设计计算提供可靠的数据资料，确保工程的合理性和可靠性。另外，滑坡孔隙水压力的动态监测资料可与滑坡坡体的动态变形资料或降雨量资料等进行对比分析，抽象和归纳它们之间的相互关系和作用规律，预测滑坡的稳定状态和发展趋势。

三、边坡监测预警新技术

如上所述，边坡动态监测项目繁多、工作量大，特别是边坡变形破坏产生滑坡的临滑前夕，在滑坡险区作业尚有相当的困难和风险。近年来，随着电子技术和通信技术的进步和发展，边坡监测新技术得到了广泛的研究和应用。

边坡或滑坡遥测报警系统的开发与应用，是边坡监测现代化技术的重要进程之一，它可以达到无人值守和计算机控制，便于集中管理和决策，加强和提高边坡灾害防治技术水平，特别适用于地形复杂和困难的边坡场区，以及临滑前夕作业危险的情形。下面介绍滑坡灾害GPS监测预警系统和边坡安全故障自动监测告警系统等两项边坡监测预警新技术。

1.滑坡灾害GPS监测预警系统

近二十年来，利用全球卫星定位系统，即GPS技术监测边坡位移有了很大发展，国外监测精度可达到毫米级，国内有关科研院所在一些边坡上已经开始应用。

GPS监测预警系统通常由空间导航卫星、地面控制站、GPS用户定位设备和地面通信网等部分组成。GPS的用户设备简称GPS接收机，由天线、接收机、信号处理器和显示器组成。监控系统由监控中心、网络中继站、现场分控站、GPS基准站和移动远端(或GPS流动站)等部分组成，如图5-10所示。

GPS技术具有覆盖面广、全天候、速度快、可连续、同步、全自动监测的优点，在滑坡移动速度快、人员不宜进入时也能监测，因此是有发展前景的一种方法。但其监测成本相对较高。

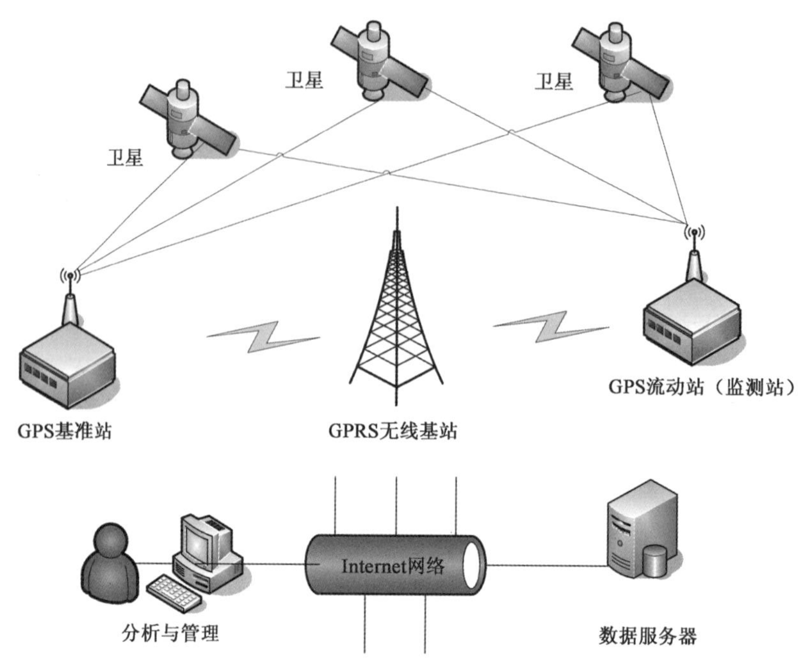

图 5-10　GPS 监测系统组成示意图

2. 边坡安全故障自动监测告警系统

山区高速公路边坡工程通常都是点多面广、投资较大、管养困难，一旦发生边坡变形破坏则灾害严重，危害和威胁交通运营安全。以往边坡的安全监测主要靠现场管养人员的巡查判断，对重点复杂的高边坡进行各种专业仪器试验与监测，费时费力费财，管养水平低下，而且还无法全面把握边坡坡体与防护结构的潜在安全风险，尤其是在养护资金有限的情况下，造成某些边坡得不到及时的科学管控。因此，如何对这些山区高速公路易受自然灾害影响的复杂地质边坡在各种恶劣环境条件下的工作状况进行监测，有效分析和预测其安全性能，延长使用寿命，进行科学维护和优化决策，发展与当前经济和社会相适应的新一代高速公路边坡安全保障科学和技术，既是一个迫切需要解决的重大科学问题，也是一个工程界必须面对和妥善采取对策，进行有效预测防护，减少灾难性事故发生的重要工程问题。为此，浙江省交通投资集团有限公司与中铁西北科学研究院有限公司合作研究了基于 TDR 技术的边坡监测预警系统，并在此基础上开发了基于 OTDR 技术的边坡安全故障自动监测告警系统。

TDR(Time Domain Reflectometry)称为时间域反射测试技术，是一种电子测量技术。早在 20 世纪 30 年代，美国人已将其应用于检测通信电缆的通断情况，至 80 年代初将其应用于工程地质勘察和监测工作，尤其在煤田地质方面应用较广，用于监测地下煤层和岩层的变形和位移。90 年代中期美国研究人员将其应用于滑坡等变形监测。

OTDR(Optical Time Domain Reflectometry)又称为光时间域反射测试技术，是采用光纤代替同轴电缆，在边坡安全预警中的拓展应用。这种技术方法改变了传统的分散式监测为分布式监测，分布式光纤既是传感器又是传输线，具有布设灵活、成本低廉、操作简单、直观可靠和便于实时远程监测等优点，而且突破了以往监测预警手段只能对重点边坡的重要部位布控的局限，特别适用于对大量边坡进行全面安全管控，是边坡安全监测预警技术的一个崭新的研究和发展方向。

1)监测原理

边坡安全故障自动监测告警系统适用于监测山区公路边坡岩土体变形和破坏。对某边坡场地可以预先埋置多路光纤，因光纤周围的岩土体变形破坏将导致光纤变形或破坏，基于OTDR检测光纤宏弯变形或断裂破坏等故障事件定位边坡岩土体的变形破坏位置，通过告警门限设置报警，实现边坡安全故障自动监测报警。

图5-11所示为OTDR测试原理示意图，图5-12所示为边坡光纤故障定位原理示意图。

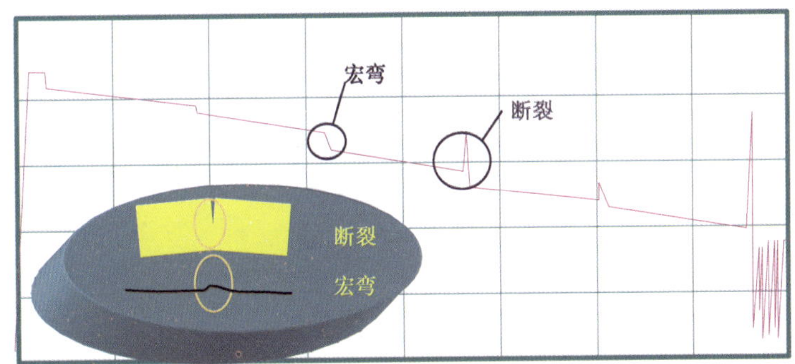

图5-11　OTDR测试原理示意图

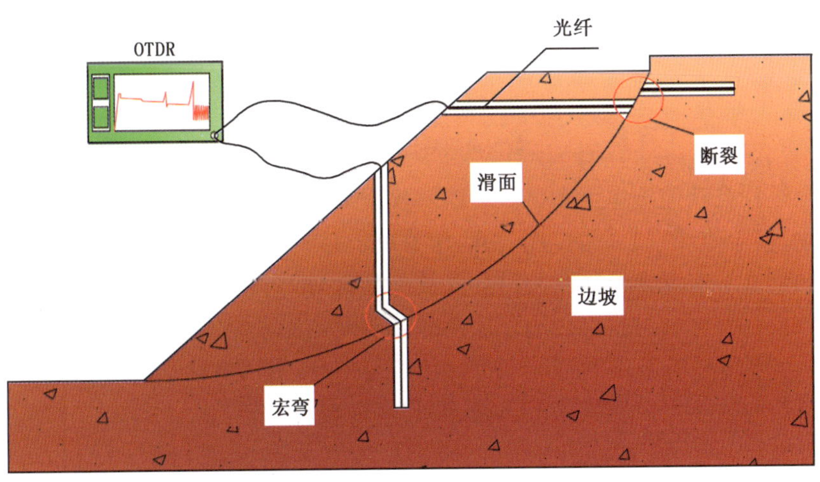

图5-12　边坡光纤故障定位原理示意图

从OTDR检测曲线图上看到忽然急速上升又急速下降的斜线小尖峰，即为光纤断裂破坏所引起反射事件，或者呈下降的台阶状，即为光纤宏弯变形所引起反射事件。这些反射事件可以被准确定位，即故障定位，其定位精度达1m，从而准确定位边坡安全故障。

2)解决方案

边坡安全故障自动监测告警系统为一个基于WEB方式的多路分布式光纤故障监控系统，它由多个现场监测站即远程测试单元(RTU子站)和一台测试系统主控计算机(TSC主站)构成。子站与主站之间采用无线通信传输数据和命令。主控计算机 TSC 运行在 INTERNET 网上,客户端采用的是基于浏览器方式的界面,操作界面简单,可维护性好,如图 5-13 所示。

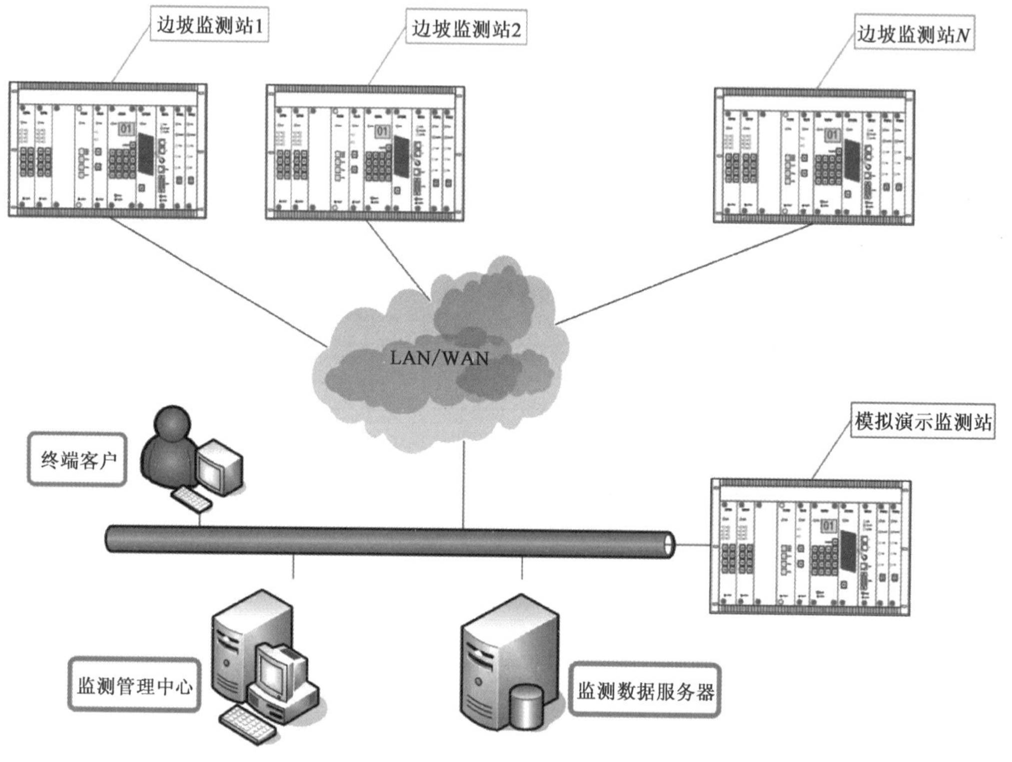

图 5-13 边坡安全故障自动监测告警系统示意图

边坡安全远程自动监测单元(RTU),能够实时采集边坡体上各光纤线路的 OTDR 监测数据,并按边坡安全监测中心(TSC)下发的相关规定完成定制监测。

一旦检测到光纤宏弯变形或断裂破坏等故障事件,即定位边坡岩土体或防护结构的变形破坏位置,通过告警门限设置,实现边坡安全故障自动监测预警。

并且,基于 Web-GIS 技术的边坡安全自动告警平台,对所有边坡远程监测单元(RTU)的光纤线路进行实时故障定位监测,并进行实时安全告警及处理。

第二节 边坡工后评估

山区高速公路地形地质条件复杂、环境背景脆弱,边坡稳定与安全问题较为突出。为确保边坡的长期稳定,在对安全风险等级为Ⅲ类、Ⅳ类的边坡进行病害整治或应急抢险后,应及时开展工后评估工作,评价其边坡稳定程度及发展趋势,并确定新的安全风险等级,将其纳入正常的边坡养护管理工作流程中。

边坡工后评估工作主要内容包括:边坡稳定性影响因素调查分析、边坡稳定性分析与安全风险评价以及主要边坡工程病害调查及其整治工程对策建议等。

对于山区高速公路，边坡工后评估工作应采用收集资料与现场调查相结合，定性分析与数值计算相结合的系统工作程序，综合分析和评价有关边坡当前稳定性现状及其发展趋势，并对重点复杂边坡提出主要防护加固工程结构检测与坡体变形监控量测建议。其主要工作内容和技术流程如图 5-14 所示。

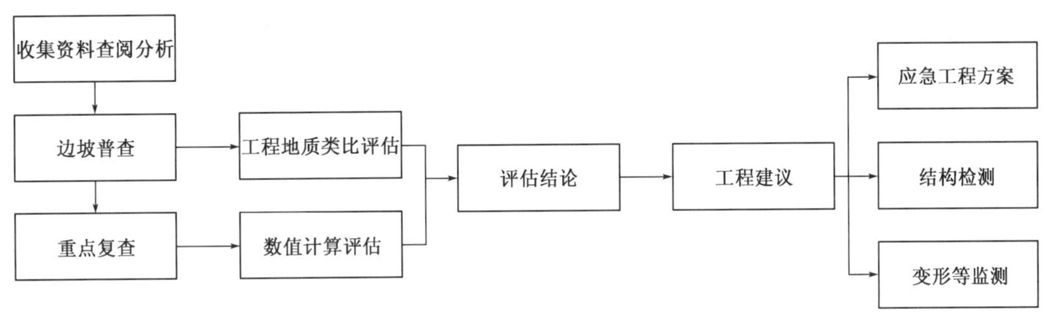

图 5-14　边坡工后评估工作内容及技术路线框图

边坡工后评估的核心内容就是边坡稳定性分析与评价，常用的分析与评价方法有：工程地质类比法、地质数据图解分析法和数值分析计算法，以及近年来日益重视并开展应用的工程检测监测法。

1. 工程地质类比法

工程地质类比法或工程经验法是基于边坡对象的地形地貌条件、坡体结构特征、岩土力学性质、岩体质量指标、风化破碎程度、构造裂面发育状态，以及地下水活动状况和外部环境条件等工程地质与水文地质条件，参考具有类似工程地质与水文地质条件的既有边坡工程实践或其他相关成功经验，对其坡形坡率及防护加固工程措施等逐项进行合理性与可靠性分析和比对，并进行边坡整体稳定性评价。

同时，可以通过分析边坡变形破坏的形成和发展来判断其原因，进而判断当前边坡的稳定状态，并预测其未来发展趋势。

工程地质类比法能综合考虑多种因素，快速对边坡的稳定状况和发展趋势进行推测，为勘测定量分析和综合治理创造条件，是现阶段经常采用的稳定性评估方法之一。

2. 地质数据图解分析法

地质数据图解分析法，一般是针对岩质边坡的坡体性质和结构条件，根据结构面发育状态与组合特征，对其坡体或岩体稳定性进行图解分析和评价。采用图 5-15 所示的球面投影分析，这种球面投影分析法是岩质路堑边坡岩体结构面调查分析、结构面及结构面组合对坡体稳定性的不利作用和影响判断，以及边坡稳定程度与潜在变形破坏模式评价的有效手段和重要方法。

3. 数值分析计算法

数值分析计算法即是通过建立边坡计算模式，确定岩土计算指标，选择特定计算方法，得出边坡稳定程度或安全程度的定量指标和结论，即稳定系数或安全系数。

边坡稳定性评价的定量分析计算法主要有极限平衡分析法和应力应变分析法两大类。前者以条分法和楔形体解析法为代表，后者主要是有限单元法等数值模拟算法。如常用于土质边坡稳定性分析和评价的极限平衡条分法；常用于岩质边坡楔形体稳定性解析计算法以及可以用于重点复杂边坡数值模拟分析的应力应变分析法。

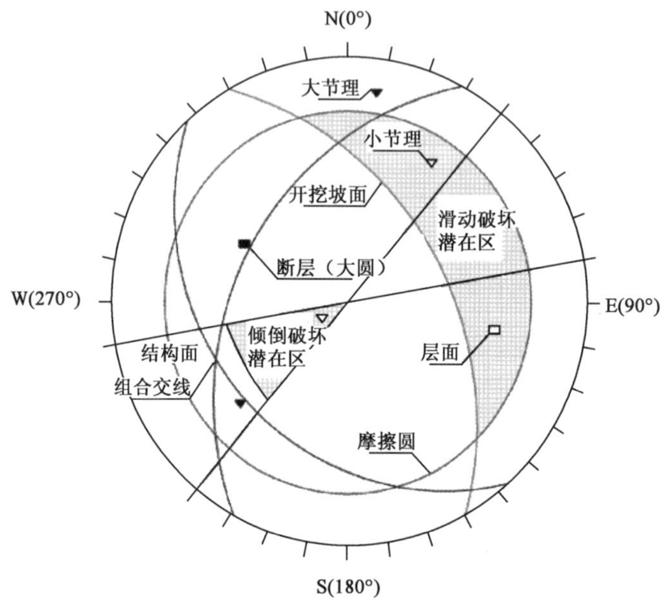

图 5-15　边坡岩体结构面潜在失稳球面投影向量图

结构面类型：□-层面；■-断层；▽-小节理；▼-大节理

4. 工程检测监测法

近年来，由于边坡工程检测与监测技术水平的提高与普及，基于客观反映边坡历时活动状态与规律的监控量测资料对重点复杂的边坡工程进行稳定性评价越来越被广大的工程技术人员和有关专家学者所重视，并体现明显的有效性和可靠性。

工程检测监测评估法又可分为工程检测评估法和动态监测评估法。

工程检测评估法是对路堑边坡工程质量及结构应力状态进行检测，通过比对路堑边坡工程设计条件和工作状态要求，进行边坡稳定性安全校核评估。

动态监测评估法是通过实时监控量测路堑边坡坡体变形、结构应力及其他相关物理特征参量，研究分析其活动动态和发展规律，建立相应的边坡稳定程度分级标准，依此进行路堑边坡稳定性分析和评价，必要时可以建立预警阈值或进行预测预报。

工程检测评估和动态监测评估相结合，即工程检测监测综合评估方法，是今后路堑边坡工程稳定性评估的发展趋势和重要研究与应用方向。

第六章　边坡养护信息化管理

第一节　边坡养护信息化管理概述

我国是一个多山国家，山地、高原、丘陵占全国陆地面积的69%，高速公路的建设不可避免需要穿越山区。由于高等级公路技术标准高，特别是在较复杂的地质条件下，边坡问题彰显突出。除了在勘察、设计和施工阶段应采取必要的处理措施外，如何对已建成通车的高速公路边坡进行有效、科学的养护管理已引起业界及高速公路运营管理单位的关注和重视。

虽然我国每年在边坡养护中投入大量的人力、物力和财力，但仍然不同程度地存在着重建轻养、养护资金不到位、养护质量不合格等现象，养护体制仍存在着不少缺陷。为了使有限的养护资金充分发挥作用，避免养护资金流失，保质保量地完成边坡养护任务，保障高速公路运营畅通和安全，边坡工程养护部门需要建立一套完整的边坡养护管理体系，实现对边坡工程的养护规范化、决策科学化和管理信息化。

目前，我国已出台了桥梁、隧道及公路养护的相关规范，桥梁和隧道等重要构筑物养护的信息化管理系统已经普遍推广应用，但由于边坡工程本身的特殊性及复杂性，至今仍未有得到业界认可的边坡养护管理规范出台，边坡养护信息化管理的研究与应用仍处于起步阶段。

我国高速公路边坡养护现状是大多数高速公路管理单位将辖区内的高速公路边坡养护管理任务承包给相应的公路养护公司，但养护公司的养护人员对边坡的运营养护管理往往认识不到位，不仅分工不明确，而且对边坡养护管理没有针对性，生搬硬套其他公路构筑物养护办法对边坡进行养护管理。通常只是将日常简单巡检或暴雨雪等恶劣天气后巡检所发现的边坡病害记录后上报上级管理部门，待上级领导审批后才对边坡病害进行整治处理。边坡养护管理仍处于被动养护的局面。

因此，研究开发公路边坡养护管理系统，规范边坡工程资料管理，完善边坡检查制度，同时建立一套边坡病害养护对策库，不仅能够改变目前边坡养护管理的“无法可依”、“杂乱无章”的状态，而且对于提高边坡养护管理的社会效益、经济效益和环境效益，也有十分重要的意义和实用价值。

目前，国内外对边坡信息管理系统、监测信息管理系统及地质灾害信息系统等的研究已经取得了一定的成果。但是，对边坡养护管理系统的研究大多以信息管理为主且实际操作性不强，对边坡的养护技术与评估决策研究不够深入，不能满足高速公路等高等级公路对边坡养护工作的要求，需要加强其系统化、规范化和程序化的研究与应用。

我国已通车运营的高速公路边坡安全问题日益突出，有关部门也越来越重视。边坡工程问题的解决必须做到系统化、规范化和信息化，应制定一套适应我国边坡工程实际情况的高速公路边坡养护信息化管理方法。因此，提高边坡养护决策和信息化管理水平，对于保障公路交通安全和服务质量具有重要的实际意义。

浙江省交通投资集团有限公司与中铁西北科学研究院有限公司等有关专业单位合作，在边坡工程养护信息化管理研究与应用方面开展了大量工作，先后开发完成了“边坡工程养护管理系统”、“边坡与滑坡防灾减灾决策支持系统”、“边坡巡检系统”等，并在工程实践应用中取得了一定的成果。

第二节　边坡工程养护管理系统

一、系统要求与组成

1. 系统基本要求

边坡问题的复杂性与多样性使得工后边坡的养护成为一个急需解决的棘手问题。边坡养护人员的专业性不强，同时用于边坡养护、维修、防护加固的资金有限，因此开发一个集边坡基本信息、动态信息、边坡稳定状态评估及养护决策、养护维修记录管理及档案资料管理为一体的边坡养护管理系统，用以规范边坡养护管理，提高养护维修决策水平，科学合理地利用养护资金，具有重要的现实意义和实用价值。边坡养护管理系统的基本要求如图 6-1 所示。

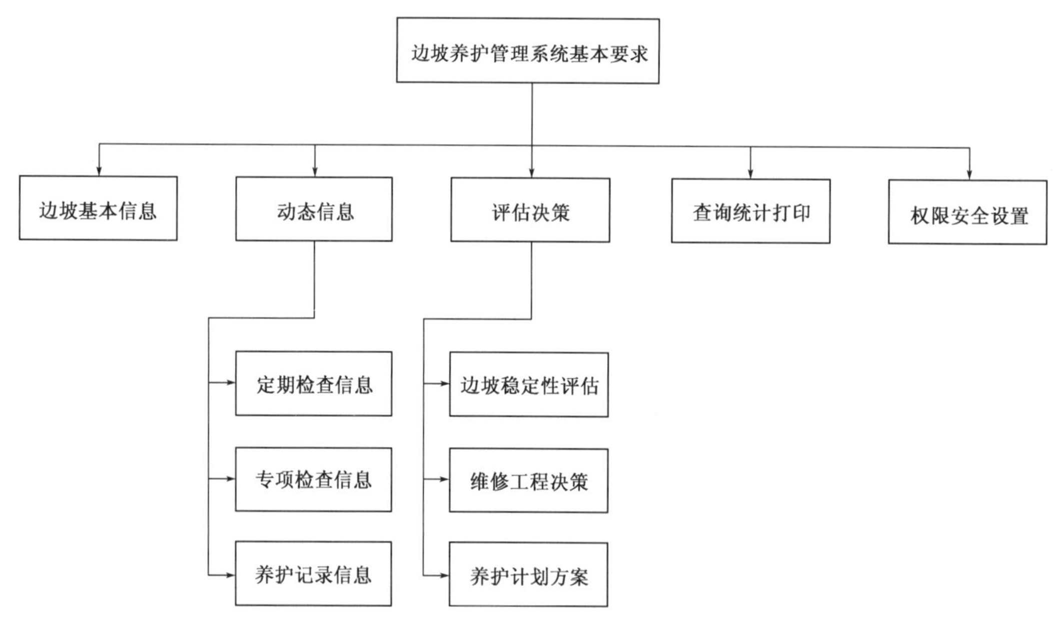

图 6-1　边坡养护管理系统的基本要求

2. 系统结构组成

根据边坡养护管理系统的基本要求，可以确定其系统结构的基本组成，为其系统的开发建立框架。边坡养护管理系统的基本结构组成如图 6-2 所示。

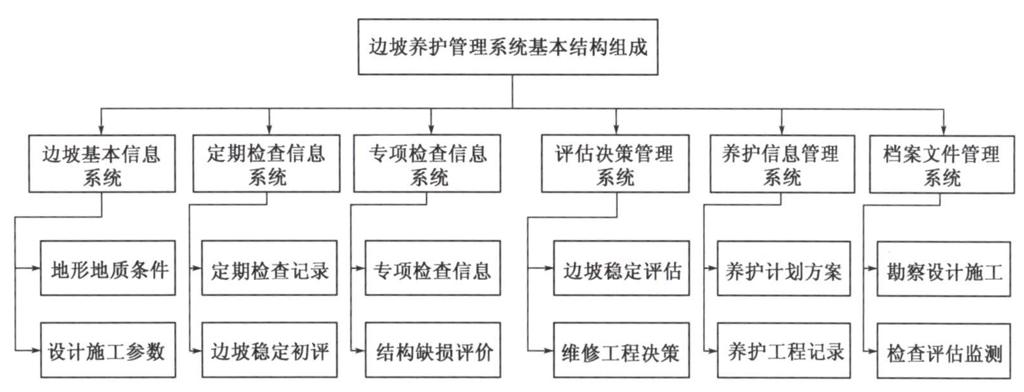

图 6-2 边坡养护管理系统的结构组成

二、系统设计与实现

由浙江省交通投资集团有限公司与中铁西北科学研究院有限公司合作研究开发的“边坡养护管理系统”(SMMS,Slope Maintenance and Management System)主要包括基本信息管理子系统、检查信息管理子系统、养护信息管理子系统和评估决策管理子系统等主要功能子系统,其选择界面如图 6-3 所示。

图 6-3 主要功能子系统选择界面

1. 基本信息管理子系统

边坡基本信息子系统是实现基本信息资料存储管理的系统,可实现对边坡的基本信息进行添加、删除、修改、浏览、检索和打印等功能。该子系统是整个系统的基础,为其他子系统提供基本数据服务，同时也体现边坡通过最近一次养护维修后的稳定状态及相应的养护措施。

边坡基本信息子系统主要包括一个子系统主表、一个子系统子表和一个报表预览打印区。

在边坡基本信息子系统主界面的数据处理的下拉菜单中可以通过卡片式录入或表格式录入进入子系统主表录入界面，如图6-4所示。主表录入项目包括边坡编号、起讫桩号、走向、坡向、坡长、坡高、坡率与防护、边坡类型、稳定等级、养护方案、地形地貌、地层岩性、地质构造、地下水、工程简介、全景图片、详细照片、养护单位和主管部门等边坡工程基本信息。其中“稳定等级”与“评估决策子系统”最近一次的评估结果自动关联，而“养护方案”则根据对应的“稳定等级”由系统自动选择。

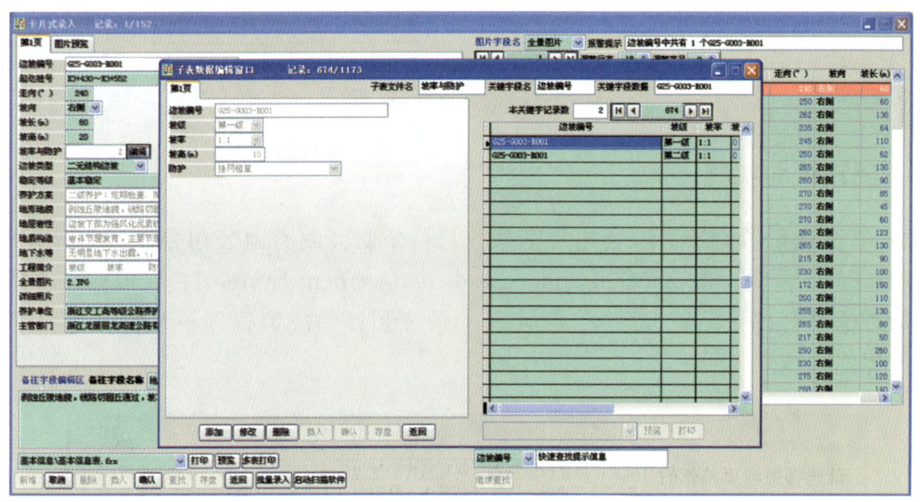

图6-4　基本信息子系统录入界面

在边坡基本信息子系统主表界面中“坡率与防护”项中选择编辑进入子表数据编辑窗口，子表录入项目包括边坡编号、坡级、坡率、防护等信息。

有关本系统的设计表格，如“边坡工程基本信息明细表”等都可以在此预览和打印。预览打印报表时，可通过指定打印范围而得到不同的打印结果，打印范围包括全部记录、指定记录、分类别打印、当前记录和打印指定页等。

2. 检查信息管理子系统

1）定期检查

根据现行《公路养护技术规范》(JTG H10)中对路基边坡的养护要求，对公路沿线的边坡，除应进行日常巡查等经常检查工作之外，还需结合当地自然环境条件、边坡工程特点和相关工程要求等，对路基边坡安排定期的检查工作，检查公路沿线边坡的坡面、坡体、排水设施和防护加固工程结构等工作状态，并且综合多因素研判，对其边坡稳定性现状及发展趋势进行初步分析和评价。

边坡工程定期检查管理包括坡面状况、排水设施、结构变形、边坡破坏等外观检查和边坡稳定性初步评价结论以及检查日志、专门报告、必要的图表与说明等。

定期检查管理是对边坡养护巡查等记录资料的管理，对边坡的稳定状态作出粗略的评价，并为边坡是否需要进行专项检查和养护提供相应的建议。定期检查管理子系统主要包括一个子系统主表和一个报表预览打印区。

在边坡定期检查主界面的数据处理的下拉菜单中可以通过卡片式录入或表格式录入进入子系统主表录入界面，如图 6-5 所示。主表录入项目包括边坡编号、起讫桩号、坡向、坡高、坡长、检查次序、检查日期、坡面状况、排水设施、结构变形、边坡破坏、稳定初评、检查建议、养护建议、检查日志、主要图片和备注等边坡工程基本信息。其中，“起讫桩号”、“坡向”、“坡高”、“坡长”字段根据关键字段“边坡编号”，由边坡基本信息子系统中的数据自动填充。边坡稳定初评根据检查所发现的问题进行计算确定，由计算出的稳定初评值确定其稳定状态。根据稳定状态，系统自动确定边坡养护建议，共分四级。一级养护：宏观巡查和日常保养；二级养护：定期检查、简易监测和小修养护；三级养护：专项检查、专业仪器监测（检测）和大修治理；四级养护：交通管制、监测预警和应急抢修。

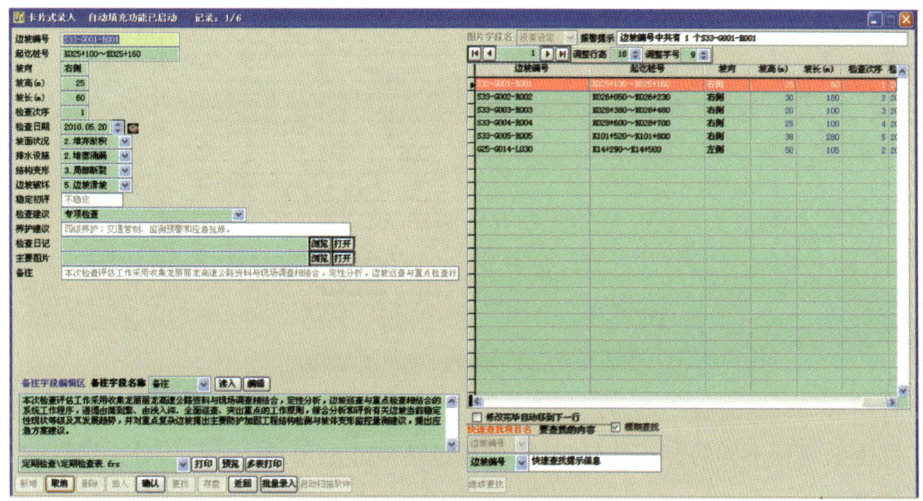

图 6-5　定期检查管理子系统录入界面

预览打印定期检查管理的报表时，如“定期检查管理明细表”，可以通过指定打印范围而得到不同的打印结果，打印范围包括全部记录、指定记录、分类别打印、当前记录和打印指定页等。

2）专项检查

边坡工程专项检查是在路基边坡定期检查工作的基础上，如果发现边坡主体防护加固工程出现严重变形和破损，对边坡稳定与安全存在显著的作用和影响时，需要对其主体防护加固工程结构的工作状态和缺损情况进行评价，并充分考虑相关结构设计的合理性和工程施工质量的可靠性，进行综合分析和评价，得出可靠的评估结论。同时，在有关单一结构缺损评估结论的基础上，对预应力抗滑桩、预应力锚索框架和预应力锚杆框架等复合结构进行缺损评估。

专项检查管理子系统主要包括一个系统评价主表、六个单项评价子表（抗滑桩的桩体评价、挡土墙的墙体评价、框架地梁的结构评价、桩头锚索的锚索评价、框架锚索的锚索评价、锚索框架的结构评价）和一个报表预览打印区。

在专项检查管理子系统主界面的数据处理的下拉菜单中可以通过卡片式录入或表格式录入进入系统主表录入界面，如图 6-6 所示。主表录入项目包括边坡编号、起讫桩号、坡向、坡高、坡长、抗滑桩、工程总量、检查数量、单桩评价、综合评价、挡土墙、单段评价、框架地梁、单片评价、桩头锚索、框架锚索、框架锚杆、单孔评价、锚索桩、锚索框架、锚杆框架等边坡防护加固工程专项评价信息。其中“起讫桩号”、“坡向”、“坡高”、“坡长”字段根据关键字段“边坡编号”，由边坡基本信息子系统中的数据自动填充。

在专项检查管理子系统主表界面中“单桩评价”项中选择编辑进入子表数据编辑窗口，如图 6-6 所示。“单桩评价”子表录入项目包括边坡编号、检查桩号、检查日期、工作状态、设计质量、施工质量、缺损评价等专项工程评价信息。

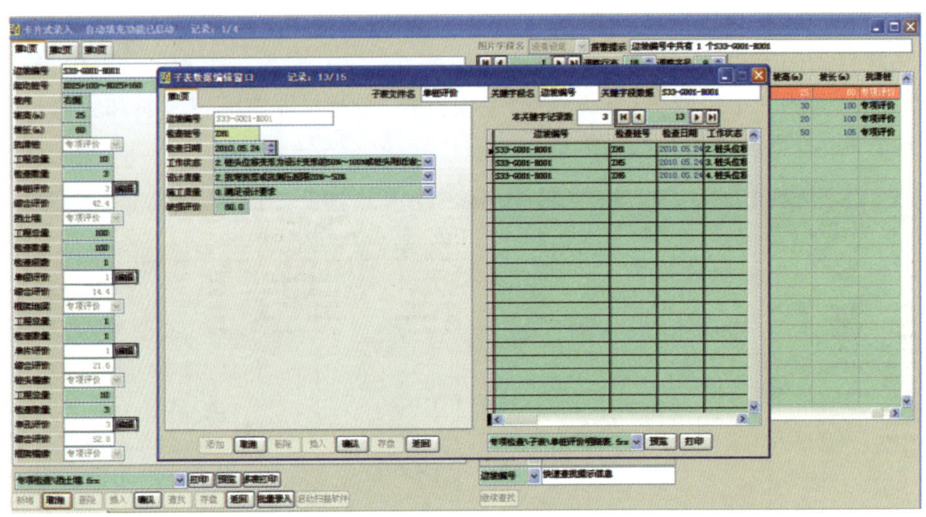

图 6-6　专项检查管理子系统录入界面

预览打印专项检查管理子系统的报表时，如“抗滑桩工程专项检查管理明细表”，可以通过指定打印范围而得到不同的打印结果，打印范围包括全部记录、指定记录、分类别打印、当前记录和打印指定页等。

3. 养护信息管理子系统

边坡养护信息子系统是在评估决策系统对边坡的稳定状态进行定性评价后，对边坡采取的养护维修内容等进行管理。主要记录项目有养护作业时间、养护工程类型、主要工作内容和养护工程费用等。

边坡养护信息子系统主要包括一个系统主表、一个养护记录子表和一个报表预览打印区。

在边坡养护信息子系统主界面中数据处理的下拉菜单中可以通过卡片式录入或表格式录入进入系统主表录入界面，如图 6-7 所示。主表录入项目包括边坡编号、起讫桩号、坡向、坡高、坡长、稳定等级、养护方案、养护记录、总费用和备注等边坡养护信息。其中“起讫桩号”、“坡向”、“坡高”、“坡长”字段根据关键字段“边坡编号”，由边坡基本信息子系统中的数据自动填充。

在边坡养护信息子系统主表界面中“养护记录”项中选择编辑进入子表数据编辑窗口，如图 6-7 所示。子表录入项目包括边坡编号、养护次序、完成日期、养护级别、工作内容、工程费、主要图片、详细图片和备注等边坡养护信息。

预览打印养护信息子系统的报表时，如“边坡养护信息明细表”，可以通过指定打印范围而得到不同的打印结果，打印范围包括全部记录、指定记录、分类别打印、当前记录和打印指定页等。

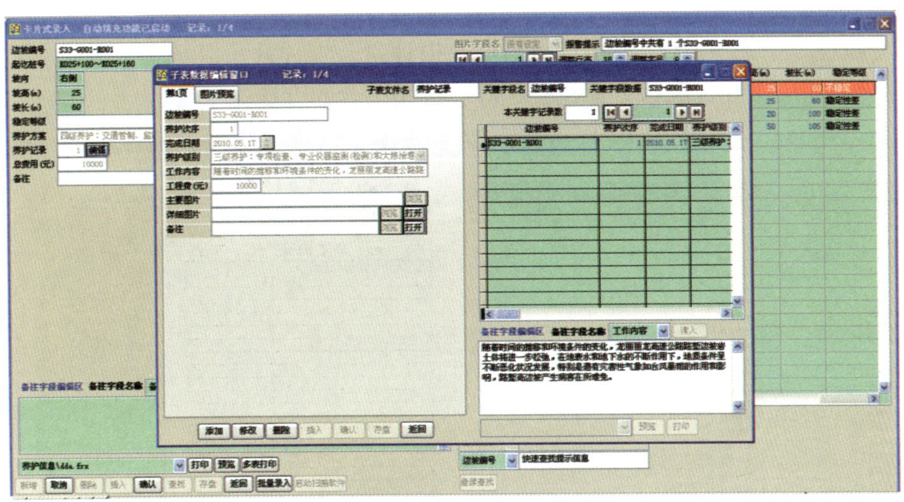

图 6-7　养护信息子系统录入界面

4. 评估决策管理子系统

边坡工程评估决策管理子系统主要包括边坡稳定性评估、维修养护方案设计和边坡养护计划制订。其中，边坡稳定性评估是通过专家咨询或经验建立层次结构模型，基于定期检查管理和专项检查管理等，分层次评估边坡防护加固工程结构状态、坡面病害类型与程度以及坡体变形特点与规律，即采用改进的层次分析法和专家咨询法评估、预测边坡的稳定性状态和发展趋势。

在边坡稳定性评估结果的基础上，该子系统基于"从病害发生原因到病害治理措施"的原则，结合其病害性质、病害规模、产生原因、发育状态和发展趋势等，提出系统综合的整治工程建议，供有关边坡养护维修决策和计划方案参考或使用。

评估决策管理子系统即根据养护人员检查过程中发现的各类边坡病害问题对边坡进行科学的评价，不仅对边坡稳定作出定性评价，同时针对各类病害提供一一对应的养护维修建议。

评估决策管理子系统主要包括一个子系统评估决策主表、一个评估记录子表和一个报表预览打印区。

在边坡评估决策系统主界面中的数据处理的下拉菜单中可以通过卡片式录入或表格式录入进入系统主表录入界面，如图 6-8 所示。主表录入项目包括边坡编号、起讫桩号、坡向、坡高、坡长、评估记录、评估日期、结构变形、排水工程、防护工程、支挡工程、锚固工程、结构评价、坡面变形、坡面冲刷、风化剥落、落石掉块、坡面评价、坡体变形、坍塌崩塌、边坡滑坡、山体滑坡、坡体评价、综合评价、稳定等级、局部等级、工程对策方案建议等边坡稳定评估与维修决策建议信息。其中"起讫桩号"、"坡向"、"坡高"、"坡长"字段根据关键字段"边坡编号"，由边坡基本信息子系统中的数据自动填充。

在评估决策管理子系统主表界面中"评估记录"项中选择编辑进入子表数据编辑窗口，如图 6-8 所示。子表录入项目包括边坡编号、评估次序、评估日期、结构评价、排水工程、调整系数、单项评价、防护工程、调整系数、支挡工程、锚固工程、坡面评价、坡面冲刷、风化剥落、落石掉块、坡体评价、坍塌崩塌、边坡滑坡、山体滑坡、综合评价、稳定等级、局部等级等边坡稳定状态评估信息记录。结构评价所包含的排水工程、防护工程、支挡工程、锚固工程等，若有条件，也可采用专项检查子系统的结论，再进行结构缺损评价。坡面评价和坡体评价应用与结构评价类似，评价采用层次分析法和专家经验(咨询)法相结合的方法。

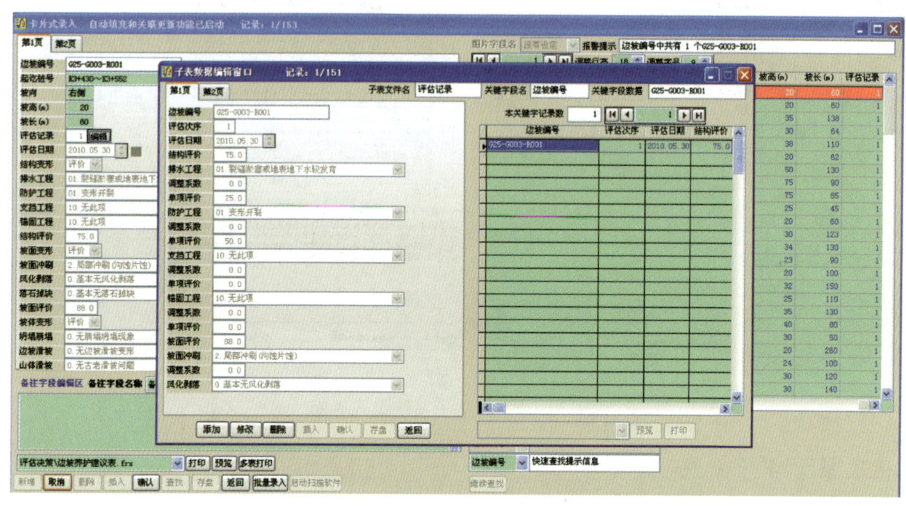

图 6-8 评估决策管理子系统录入界面

预览打印专项检查管理子系统的报表时，如“评估决策明细表”，可以通过指定打印范围而得到不同的打印结果，打印范围包括全部记录、指定记录、分类别打印、当前记录和打印指定页等。

三、系统管理与维护

除上述几个功能子系统的数据处理这些主要应用工具外，本系统还具有系统管理、系统设置、数据查询、打印制表、多库操作、子表操作和系统维护等辅助应用工具。

该系统还可以根据系统开发的需要，建立各种管理系统及其相应的子系统，自定义数据项目、录入限制条件、计算公式、报表格式、系统密码、操作权限等，因而实现了自己定制软件管理的功能。

第三节 边坡与滑坡防灾减灾决策支持系统

当前，美国、日本、澳大利亚、意大利等发达国家已建立起由滑坡灾害防治研究机构、工程建设业主和政府管理部门等组成的滑坡灾害风险防控与管理体系，有效降低了潜在的滑坡灾害风险，树立了突发地质灾害防灾减灾的典范。我国虽取得了一些滑坡灾害防治和管理的经验，但在滑坡灾害风险防控管理方面，与国际水平还存在一定的差距。浙江省交通投资集团有限公司与中铁西北科学研究院有限公司基于大量的边坡工程实践与滑坡减灾防灾工作实际需求，研究开发了“边坡与滑坡防灾减灾决策支持系统”。

该系统结合计算机技术、通信技术及相关专业技术，采用 B/S 的技术架构，基于.NET 平台进行开发，搭建一个基于 WebGIS 平台的滑坡灾害风险防控决策支持系统，将实时监测数据、统计分析报表、模型计算结果等信息统一在该系统中进行展示，为相关单位及人员应对边坡病害与滑坡灾害时的决策指挥提供必要的辅助支持。其主界面如图 6-9 所示。

图 6-9　边坡与滑坡防灾减灾决策支持系统主界面

一、系统组成与功能

该系统要求突出科学性与先进性、实用性与可靠性、系统性与规范性以及扩展性与兼容性，其系统组织结构与专题应用子系统如图 6-10 所示。

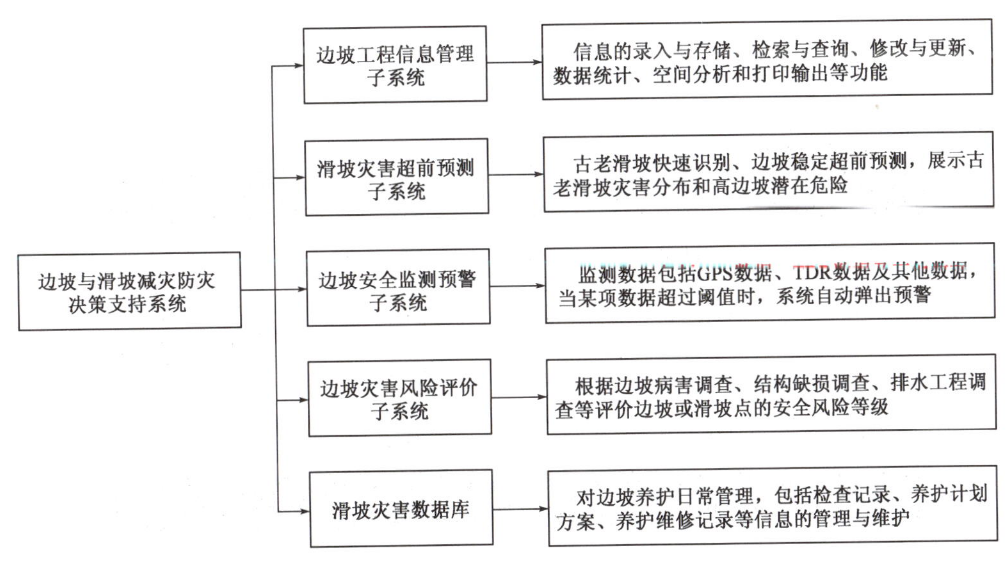

图 6-10　边坡与滑坡防灾减灾决策支持系统结构与功能

二、边坡工程信息管理子系统

边坡工程信息管理子系统包括边坡基本信息、边坡检查信息、边坡养护信息和专题档案信息等，系统界面如图 6-11 所示。

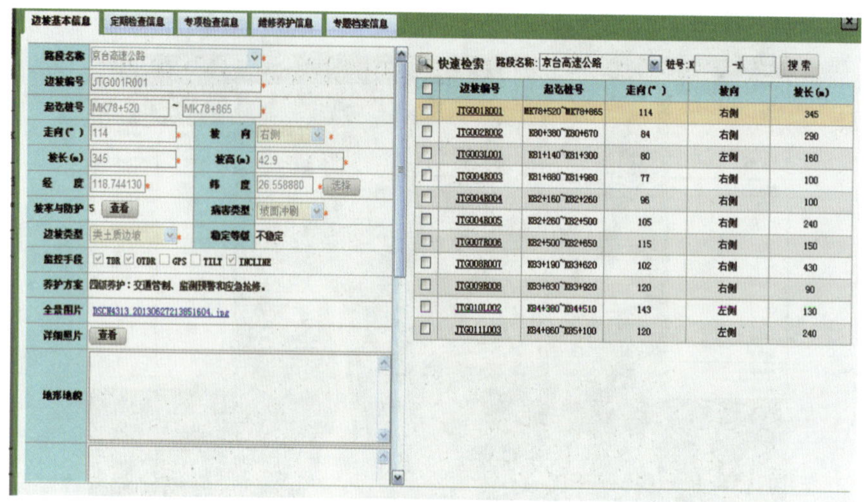

图 6-11　边坡工程信息管理子系统界面

边坡基本信息包括地形地质背景(地形地质与坡体结构)、边坡设计参数(坡形、坡率、坡高与防护措施)和边坡工作状态(病害信息与稳定性等级)等。

边坡检查信息包括定期检查信息和专项检查信息。

边坡养护信息包括养护历史记录、养护计划方案和养护工程费用等。

三、边坡安全监测预警子系统

边坡安全监测预警子系统所包含的主要监测方法有:基于 TDR 或 OTDR 技术的宏观变形监测、基于微机电技术的地表倾斜监测、基于 GPS 技术的地面位移监测和基于钻孔测斜技术的坡体深部位移或滑动面变形监测,如图 6-12 所示。

监测方法	监测信息	监测对象	特点	备注
TDR、OTDR	宏弯断裂	边坡	分布式 自动	推荐TDR、OTDR作为边坡自动监测预警，提高边坡防控范围和管理水平
Tilt	地表倾斜	危岩	散点式 自动	
GPS	地表位移	滑坡	散点式 自动	
Incline *	深部位移	滑坡	巡检式 手动	

★ 深孔测斜监测是滑坡变形监测的有效手段

图 6-12　主要监测方法与特点

该边坡安全监测预警系统流程如图 6-13 所示。

四、边坡灾害风险评价子系统

在边坡与滑坡防灾减灾决策支持系统中构建边坡灾害风险评价子系统,其风险评价体系是基于中铁西北科学研究院有限公司在浙江、福建和广东等地区的有关边坡安全评估经验结合风险评价理念与要求而提出来的，其评价结论可以作为第二章所述“边坡风险评估”的补充或校验。

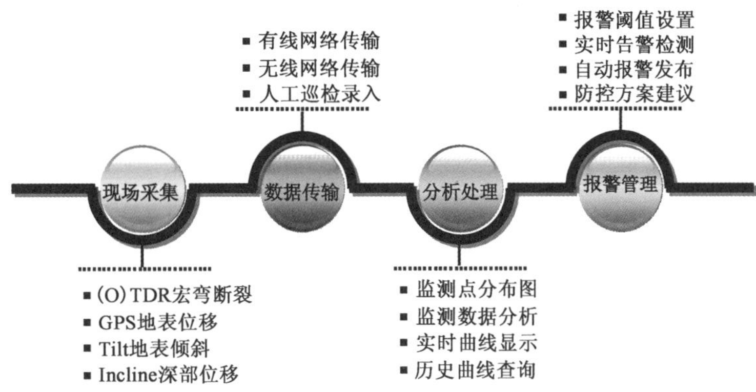

图 6-13 监测预警流程图

边坡灾害风险评价子系统是建立在系统的边坡安全检查成果基础上的，包括边坡基本信息调查和边坡动态信息调查。边坡基本信息是边坡灾害易发性评价工作的基础，边坡动态信息是边坡灾害危险性评价工作的依据。

在满足相关高速公路路段交通状况与设计要求的条件下，分析评价高速公路对特定边坡灾害的承灾能力，即边坡灾害易损性评价。

最后，综合边坡灾害易发性评价、边坡灾害危险性评价和边坡灾害易损性评价结果，提出高速公路高边坡灾害风险指数。同时，根据边坡灾害风险指数确定风险等级，进而依据边坡灾害风险管理准则提出相应的防控对策。其风险评价体系如图 6-14 所示。

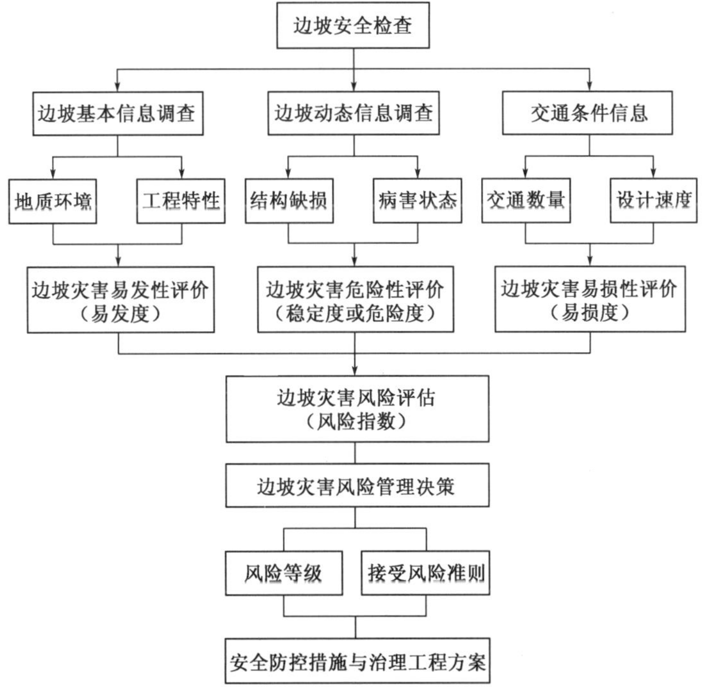

图 6-14　边坡安全检查与风险评价体系

第四节　边坡巡检系统

为了加强边坡巡检考核，提升边坡信息化管理水平，浙江省交通投资集团有限公司与浙江高速信息工程技术有限公司共同研究开发了“边坡巡检系统”。该系统具有五大建设目标：

(1)更好地保证边坡巡检到位。采用此系统，能够对高边坡巡检人员的工作起到事前督促、事后检查的作用。

(2)更科学地考核巡检人员的工作业绩。由于巡检管理软件可以统计巡检员的正点率、误点率、漏检次数等信息，为管理者更科学地考核巡检人员提供客观依据。

(3)方便高边坡基础数据管理。收集边坡平面图、断面图、设计图、水文地质资料等电子版资料等，记录高边坡险情、养护、维修等事件信息，为管理者提供更全面和便携的查询功能。

(4)提高数据的直观性。通过集成 GIS 地理信息系统，能查看边坡所处地理情况、周边环境以及高边坡险情、养护、维修等事件。

(5)提升数据采集的及时性。可在边坡现场输入巡检资料、上传检测数据和实时照片。

一、关键技术

1. 标准化的数据结构

标准化的数据结构：对边坡巡检系统的基础数据结构进行标准化设计，整合不同管理部门的信息资源，统一基础报表，提高信息资源利用率，同时为其他养护管理信息系统提供标准接口，实现对其他信息系统的兼容。

2. 精度等级提高

利用拉普拉斯压高算法进行高度定位，根据不同高度上两点的气压差值计算其间的高度差，提高了高度定位精度。

3. “3S2C”技术运用

系统中引入了 3S2C 技术，解决了日常工作中的人员定位、边坡高度测算、数据传送、指令下发等工作。

3S 为“Gps、Gis、Sensor”，其中 Gps 代表了全球卫星定位技术，系统利用 Gps 的定位，对边坡的位置进行了精确的卫星定位，摒弃了以往使用复杂的测绘仪器对边坡进行定位的方法，提高了工作效率；Gis 代表了地理信息系统，利用卫星影像＋平面图的方式构建了整个地理信息系统的底图，并利用边坡踩点的数据、边坡施工的数据，以不同的高程的形式在平台中展示，提高了直观性；Sensor 代表了传感器技术，系统利用了手持终端所带的各项传感器，特别是利用了气压传感器实时演算人员当前所处的海拔高度，大大提高了工作的准确性。

2C 为“Computer、Communication”，其中 Computer 代表了计算机技术，借此完成整个系统的搭建；Communication 代表了通信技术，即利用现有的成熟的 2G/3G 平台，完成数据的传输。

4. 坐标信息可视化

使用手持机 APP 拍摄现场照片，利用自置的 GPS 传感器以及大气压高算法，将当前拍摄的坐标信息进行获取、计算、记录。

当需要使用 APP 上传照片时，自动将坐标信息进行上传，同时后台管理系统自动将坐标信息进行处理。

5. 盲区补偿技术

高边坡大部分坐落于山区，周边通信环境欠佳。本系统采用了盲区补偿技术，其主要原理是通过内置在手持端程序中的算法，实时评估当前的通信环境，若出现通信环境欠佳，则将要传输的数据进行预存，当通信环境恢复正常时，再将预存的数据进行发送。

盲区补偿技术避免了由于通信信号差而导致的指令无法下达、巡检情况无法上传等情况，大大提高了系统的易用性。

6. 使用三防手机作为巡检工具

因边坡巡检工作的特殊性，其对巡检器防水、防摔的要求相对较高。因此，系统通过定制研发，采用了一款达到 IP67 指标的三防手机作为巡检工具，经过反复测试与实际工作，符合户外全天候的要求。

二、业务流程

系统根据不同的业务类型，设计了三种不同的业务流程，分别是巡点（或称踩点）、巡检与复检流程。

1. 巡点流程（图 6-15）

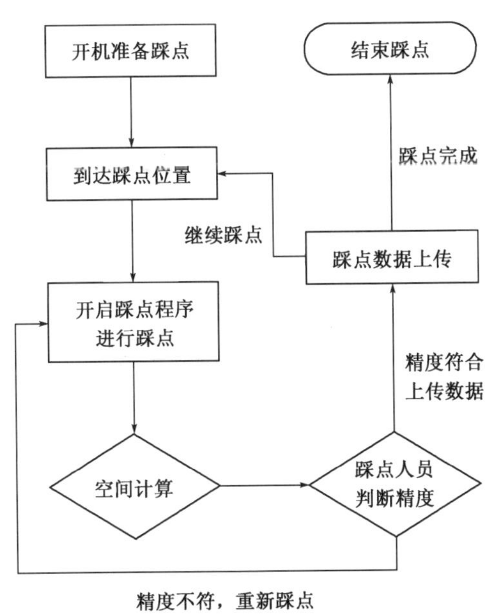

图 6-15　巡点流程图

流程说明：

（1）登山巡查队员到达边坡指定点位后，运行“巡点程序”，选择当前的“边坡名称”。

（2）待程序经过经纬度获取与高度计算后，得出当前点位的地理坐标。

（3）提交后，保存至边坡基础数据中。

2. 巡检流程（图 6-16）

流程说明：

（1）根据各管理处制订的巡检计划或人工发送临时任务至登山队员手机端。

（2）登山巡查队员接收任务后，到达任务边坡，在边坡基点进行提交后，即进入巡检。

（3）巡检过程中，随着人员到达过往的巡点位置后，手机端自动进行记录，全程无须人工干预。

（4）当完成所有点位的巡检时，提交巡检记录,并可以插入所发现问题的照片。

(5)完成巡检后,PC 端即查询到巡检记录。

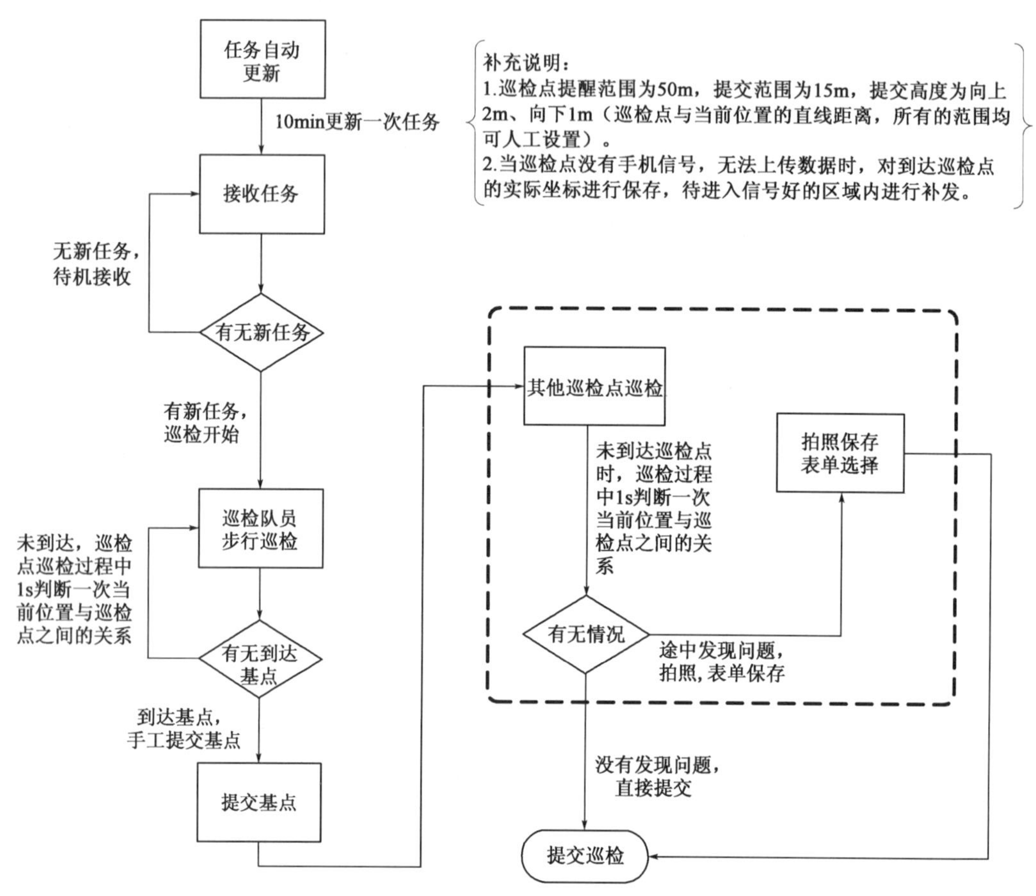

图 6-16　巡检流程图

3. 复检流程(图 6-17)

流程说明:

(1)根据各管理处制订的复检计划或人工发送临时任务至工程师手机端。

(2)边坡养护管理工程师接收任务后,到达任务边坡,在边坡基点进行提交后,即进入复检。

(3)复检过程中,随着人员到达过往的巡点位置后,手机端自动进行记录,全程无须人工干预。

(4)当完成所有点位的复检时,提交复检记录。

(5)完成巡检后,PC 端即查询到复检记录。

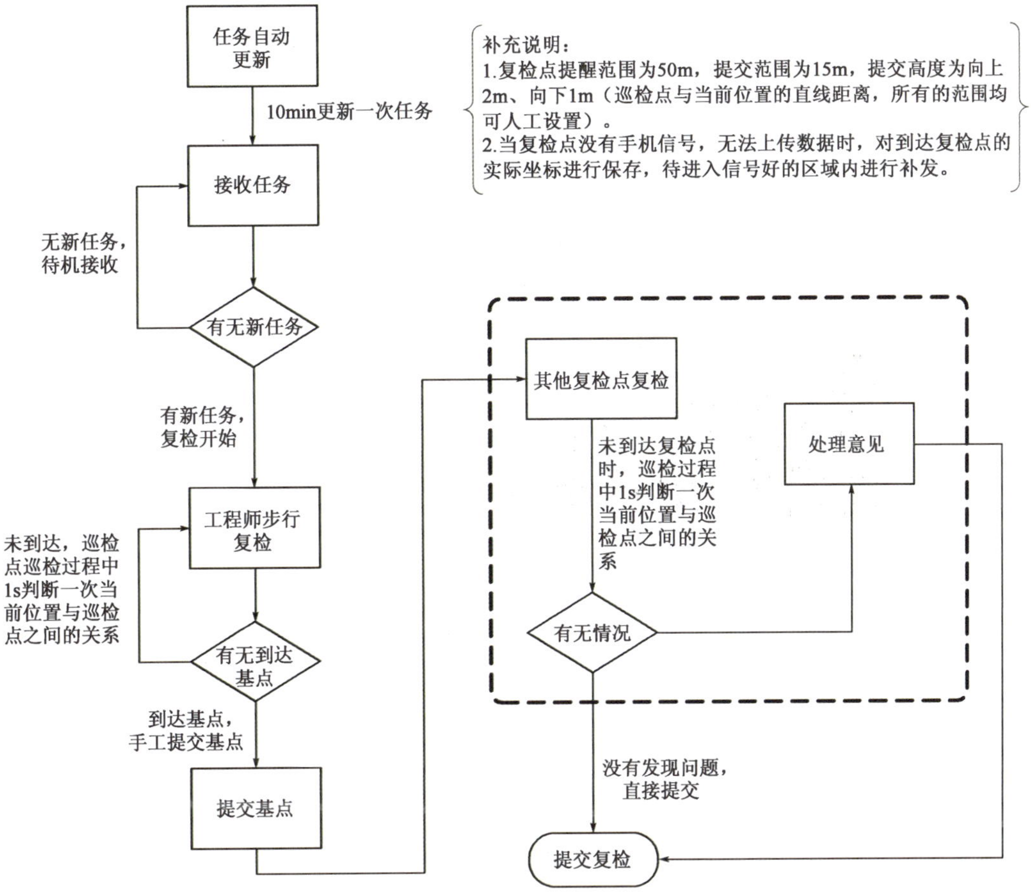

任务自动更新

10min更新一次任务

接收任务

无新任务，待机接收

有无新任务

有新任务，复检开始

工程师步行复检

未到达，巡检点巡检过程中1s判断一次当前位置与巡检点之间的关系

有无到达基点

到达基点，手工提交基点

提交基点

其他复检点复检

未到达复检点时，巡检过程中1s判断一次当前位置与巡检点之间的关系

有无情况

处理意见

没有发现问题，直接提交

提交复检

补充说明：
1.复检点提醒范围为50m，提交范围为15m，提交高度为向上2m、向下1m（巡检点与当前位置的直线距离，所有的范围均可人工设置）。
2.当复检点没有手机信号，无法上传数据时，对到达复检点的实际坐标进行保存，待进入信号好的区域内进行补发。

图 6-17　复检流程图

三、系统组成

该系统由手册移动终端和后台管理系统两部分组成，可以作为边坡巡检考核和资料查询的数字化和可视化平台。

1. 手持系统终端

手持系统终端是由具有三防功能的手机巡检器与特定的软件APP程序组成(图 6-18)。使用巡检器靠近需要巡检的位置时，巡检器能够自动识别需要巡检的高边坡信息。边坡巡检人员可以在巡检器上填写相关高边坡的巡检记录，并拍摄相关图片。巡检器中的软件程序会将巡检的记录传输到后台管理系统中，边坡管理人员可以在后台管理系统中实时查看巡检信息。

图 6-18　巡检器

2.后台管理系统

后台管理系统包括系统管理软件及支撑平台，其中支撑平台主要有：操作系统、电子地图及数据库平台等。系统登录界面如图6-19所示，其主要功能有：

图6-19 系统登录界面

1)系统管理

(1)部门管理：对用户所在单位的部门信息进行管理。

(2)人员管理：对使用本系统的用户进行管理。

(3)角色管理：对使用本系统的用户的属性进行配置。

(4)系统设置：可以对本系统进行基础设置。

(5)数据字典：对本系统的数据项、数据结构等进行定义和描述。

2)边坡管理

(1)边坡类型管理：对边坡的基础信息的类型进行统一管理，使用户管理更统一化、简洁化。一次录入永远使用，并使资料统一归档和分类管理。

(2)边坡基础数据管理：边坡的基础数据包括边坡的基本数据、边坡平面图、断面图、设计图、水文地质等资料进行管理。

3)地点管理

一个边坡是一个立体的面范围，为了更好地维护边坡的定义和巡检的范畴，这里我们用边坡地点信息来拆分一个边坡。边坡地点管理就是用电子的形式来管理和展示的功能。

4)任务设置

(1)任务创建(登山巡查队员)：创建指定日期范围、指定边坡的巡检任务。

(2)任务创建(边坡养护管理工程师)：创建指定日期范围、指定边坡的复检任务。

(3)巡检任务查询：对已经创建的巡复检任务进行综合查询。

5)任务考核

以指定时间范围内对边坡的巡检、复检情况进行考核，考核内容包括到位率等。

6)消息提醒

(1)任务提醒:对巡检员巡检时发现问题的任务进行汇总、提醒,以供管理人员进行决策。

(2)以文字的方式对巡复检过程中发现的险情进行及时的录入,方便日后查询、统计、导出。

7)地图信息

以全景形式展示所有的边坡在地图上的定位(图6-20)。

图6-20　地图信息界面

附录 A　高速公路土质高边坡检查评价表

浙江省交通投资集团有限公司
高速公路高边坡安全风险检查评价表　（土质边坡）
（第 1 页　共 8 页）

高速公路：［　　］　　位置（里程桩号）：［　　］km +［　　］m

边坡编号：［　　］

(A)边坡断面几何特征（参见附图1）

(1) H_s		m
(2) H_r		m
(3) H_{cw}		m
(4) H_{tw}		m
(5) β		°
(6) θ		°
(7) α		°
(8) 滑裂面是否位于H_s范围内？	是/否	

边坡高度

$H=H_s+H_r+H_{cw}+H_{tw}$		m
$H_w=H_{cw}+H_{tw}$		m
$H_c=H_s+H_r$		m
$H_o=H_s+H_{cw}$（参见附图1）		m
$H_e=H_o(1+0.35\tan\beta)+s/\gamma$		m

断面几何特征类别（参见附图2）：S1/S2/S3/S4

类别	得分 A	
S1	60	分
S2	40	分
S3	20	分
S4	0	分

γ可取　16～20 kN/m^3

s/γ［　　］

s为超载

得分：A［　　］分

(B)边坡失稳情况

(B1)破损情况

(1)严重破损: 坡顶出现张拉裂缝、排水沟及检修道变形、护面严重破裂与隆起等

(2)中等破损：护面开裂、排水沟破损等

(3)轻微破损：护面偶有开裂

类别	得分 B_1	
(1)	40	分
(2)	20	分
(3)	0	分

得分：B_1［　　］

浙江省交通投资集团有限公司
高速公路高边坡安全风险检查评价表　（土质边坡）
（第 2 页　共 8 页）

(B2)以往发生的滑坡

确定的以往滑坡	得分 B_{21}		可能的以往滑坡	得分 B_{22}		$B_2=B_{21}$ 或 B_{22}（取其中的大值）
(1)严重的	10	分	(1)严重的	7	分	
(2)很多轻微的	5	分	(2)很多轻微的	3	分	
(3)轻微的	2	分	(3)轻微的	1	分	得分
(4)无	0	分	(4)无	0	分	B_2 ＿＿ 分

(C)水的渗入

(C1)地表水渗入

(1)坡面及坡顶区域基本无护面
(2)坡面或坡顶区域基本无护面
(3)坡面和/或坡顶区域部分有护面
(4)坡面及坡顶区域基本均有护面

类别	得分 C_1	
(1)	15	分
(2)	10	分
(3)	5	分
(4)	0	分

得分

C_1		分

(C2)地表排水

(1)很少或无排水沟，且坡顶以上区域地表水汇聚于边坡
(2)很少或无排水沟
(3)有部分排水沟，但数量或排水沟断面尺寸不足
(4)有足够的排水沟

类别	得分 C_2	
(1)	15	分
(2)	10	分
(3)	5	分
(4)	0	分

得分

C_2		分

浙江省交通投资集团有限公司
高速公路高边坡安全风险检查评价表 （土质边坡）
（第 3 页 共 8 页）

（C3）输水设施

	类别	得分 C_3	
（1）坡上/坡内有可能产生漏水的输水设施且发现有漏水迹象	（1）	15	分
（2）坡上/坡内有可能产生漏水的输水设施但尚未发现有漏水迹象	（2）	10	分
（3）坡上/坡内无可能产生漏水的输水设施	（3）	0	分

得分

C_3		分

（C4）渗流

	类别	得分 C_4	
（1）在半坡高位置（$H_o/2$）及以上部位有严重渗流（流量≥$1m^3/d$）	（1）	15	分
（2）在半坡高位置（$H_o/2$）及以上部位有轻微—中等渗流（流量＜$1m^3/d$），或严重渗流（流量≥$1m^3/d$）发生在$H_o/2$以下位置	（2）	10	分
（3）在半坡高以下位置（$H_o/2$）有轻微—中等渗流（流量＜$1m^3/d$），或土质边坡/坡顶挡土墙有渗流痕迹	（3）	5	分
（4）无渗流痕迹	（4）	0	分

得分

C_4		分

（D）坡体材料

坡体材料	权重因子，W_i（%）	坡体材料	分数 D_i	
（1）好——坡体材料主要来源于强风化岩		好	0	分
（2）良——坡体材料处于好与中等之间		良	10	分
（3）中等——全风化土		中等	20	分
（4）较差——坡体材料处于中等和差之间		较差	30	分
（5） 差——残积土及所有运积土		差	40	分

$D=\Sigma(D_i)(W_i)/\Sigma W_i$

得分

D		分

岩性

不良地质构造？ 是/否

浙江省交通投资集团有限公司
高速公路高边坡安全风险检查评价表　（土质边坡）
（第 4 页　共 8 页）

(E)以前是否进行过加固工程

(1)无加固工程或加固工程无完备资料（类别 0）
(2)有加固工程且资料完备（类别1、2、3，取值详见说明）

	类别
E	

(F)坡顶设施

若高速公路沿线的高边坡坡顶为建筑物，则选组别1
若高速公路沿线的高边坡坡顶为山体，则选组别2 [ ]

坡顶设施距坡顶的距离　F_2 [ ] m

组别	得分 F_1
1	0.5
2	0.1

得分

F_1		分
F_2		m

(G)坡脚设施

高速公路的坡脚基本为高速路
(1)高速公路重要性：高　（如CICO的所有高速公路）
(2)高速公路重要性：中
(3)高速公路重要性：低　详见（G）项说明

坡脚高速路距坡脚的距离　G_2 [ ] m

组别	得分 G_1
1	4
2	2
3	1

得分

G_1		分
G_2		m

浙江省交通投资集团有限公司
高速公路高边坡安全风险检查评价表 （土质边坡）
（第 5 页 共 8 页）

（J）坡顶以上及坡脚以下地形特征

（1）坡顶以上地形角度 $\beta<35°$ 且坡脚以下地形角度 $\alpha<15°$

（2）坡顶以上地形角度 $\beta\geq35°$

（3）坡脚以下地形角度 $15°\leq\alpha<30°$

（4）坡脚以下地形角度 $\alpha\geq30°$

（5）地形同时满足条件（2）和（3）

（6）地形同时满足条件（2）和（4）

组别	得分 J
1	0
2	0.3
3	0.6
4	1.2
5	0.9
6	1.5

得分

J	

（K）滑坡后果系数

（1）对于隧道口边坡（K=1.4）

（2）若发生滑坡，可能会造成10人以上伤亡（K=1.25）

（3）若发生滑坡，可能会造成严重交通拥堵（K=1.25）

（4）可能会造成大面积滑坡（$>500\text{m}^3$）（K=1.25）

（5）其他不属于上述（1）至（4）的边坡（K=1.0）

得分

K	

分数计算

（1）稳定性分数（IS）

$$IS=A+B_1+B_2+C_1+C_2+C_3+C_4+D$$

（2）滑坡后果分数（CS）

$$CS=K(F+GJ)V$$

其中，

$$F=F_1(H_o-F_2)/H_o\geq0$$

$$GJ=2G_1\{[(1.5+J)H-G_2]/[(1.5+J)H]\}\geq0$$

$$V=\gamma H_o$$

注：（a）若为整体滑坡，则 $\gamma=1.0$

若为局部滑坡，则 $\gamma=0.7$

若为微小滑坡，则 $\gamma=0.4$

（b）若 $H_o>30\text{m}$，计算 V 时取 H_o=30m

（3）总分数

$$TS=IS\times CS/100$$

得分

IS	
CS	
F	
GJ	
γ	
V	

总分

TS	

浙江省交通投资集团有限公司
高速公路高边坡安全风险检查评价表 （土质边坡）
（第 6 页　共 8 页）

注：

(1)发现不利地质条件　　　　　　　　　　　　是　　否

(2)详述边坡病害和缺损的部位、面积（数量）、程度等，并在下页附以边坡的整体照片以及必要的病害和缺损照片

意见与建议

详述边坡防控对策的意见与建议

浙江省交通投资集团有限公司 高速公路高边坡安全风险检查评价表 （土质边坡） （第 7 页　共 8 页）
边坡平面图/断面图

浙江省交通投资集团有限公司 高速公路高边坡安全风险检查评价表 （土质边坡） （第 8 页　共 8 页）		
边坡照片(若必要的照片较多，可另行加页）		
检查日期：	检查人：	审查人：

浙江省交通投资集团有限公司
高速公路高边坡安全风险检查评价表说明（土质边坡）
（第 1 页　共 3 页）

说明：

（A）项

（1）边坡断面几何特征（如H_s、H_r、H_{cw}、H_{tw}、β、θ及α等，其定义见附图1）应由技术人员根据测量图或现场踏勘确定。其他参数应由有经验的专业人员确定。

（2）边坡的平均坡度θ见附图1。边坡的有效高度H_e（计算公式见评价表A项）考虑了边坡以上自然山坡的影响（β角）以及荷载（s）的影响。S1到S4区域的划分主要是根据香港特别行政区土力工程处（GEO）的统计数据和浙江省交投集团的边坡检评数据（见附图2）。

（3）若滑裂面的出露点位于土质部分的最低点，则项（8）选择“是”，且H_o=H_s+H_{cw}。若项（8）选择“否”，则表明滑裂面的出露点位于岩质部分，H_o的计算则应计入这部分岩质的高度。

（4）坡顶以上的超载s的影响可用等效土厚（s/γ）代替。

（B）项

（1）边坡破损情况：包括坡顶的张拉裂缝、排水沟及检修道变形、护面开裂和变形等，这些表面特征会间接反映边坡/挡土墙的内部稳定性状况。因此，检查人员应详细检查与判断。

（B1）项

（1）若现场发现或有文件记录存在非常严重的破损或危险的边坡、挡土墙位移，应立即报告业主，即时采取相应措施。

（2）对于破损，检查人员应判断是由于坡体变形而引起还是由于日常的气候变化或养护不当而引起。对于后者只需及时修补即可，不应算作反映坡体稳定性的破损，则B_1=0。

（B2）项

（1）以往发生的滑坡：“确定的以往发生的滑坡”——根据有关文件记录确认了滑坡的原因以及滑坡体大小；“可能的以往发生的滑坡”——根据现场踏勘和有关信息推断评估时还要考虑以往发生的滑坡的规模大小、形式以及再次发生的可能性。

评估应根据以下的信息进行：

①滑坡记录；

②现场踏勘；

③其他有关资料。

（2）“很多轻微的”指一个以上的轻微的滑坡。紧邻此边坡的其他类似边坡上发生的滑坡在评估时也应予以考虑。

（3）“确定的以往发生的滑坡”指有文件记录的滑坡。

浙江省交通投资集团有限公司
高速公路高边坡安全风险检查评价表说明（土质边坡）
（第 2 页　共 3 页）

（4）“可能的以往发生的滑坡”指无文件记录可以确定、但根据现场踏勘或其他有关文件可以推断出的滑坡。

（5）“严重的滑坡”指：

①滑坡体积≥50m³，或

②滑坡体积≥25m³，并且滑坡体位于坡顶以上区域（坡顶以上区域的范围见附图3）；否则，滑坡就是“轻微的滑坡”。

（6）若对以往发生的滑坡采取了有效的补强加固措施，此项取值为0。

（C）项

（1）水的渗入：应注意坡面以及坡顶区域的水渗入，排水沟是否足够，输水设施可能产生的渗漏以及坡面上水渗出的痕迹。

（C1）项

（1）一般来说，“基本有护面”指大于75%的坡面面积有护面；“部分有护面”指护面面积占坡面面积的25%～75%；“基本无护面”指护面面积小于25%的坡面面积。

（2）坡顶区域指坡顶以上水平距离为$H_0/2$以内的区域。

（3）坡顶以上区域若有集水洼地，应取本级别的上一个级别的分数。

（C2）项

在评价表面排水是否足够时，应考虑易于引起表面水流集中的场地地形、集水区域以及环境因素。对于植草护面，还应特别注意植被的类型，如杂草、灌木丛以及树木等。

（C3）项

（1）应根据现场踏勘情况来进行评估。

（2）任何输水设施在发生渗漏时都可能影响边坡的稳定，因此应考虑自坡顶开始H_0范围内的输水设施。但是，具体评估时还要根据实际情况来确定要考虑的范围大小。如果有输水管道合理铺设，那么输水设施就可以认为是“无可能产生漏水”。

（C4）项

（1）若在旱季进行现场踏勘，对渗流应进行合理评估。

（2）还应注意水流可能聚集于边坡的水文地质条件（如河流等）以及边坡以上的较高的地下水（如边坡以上的植被异常茂盛）。

浙江省交通投资集团有限公司
高速公路高边坡安全风险检查评价表说明（土质边坡）
（第 3 页　共 3 页）

(D)项

（1）坡体材料：应根据现场踏勘以及区域地质图来确定不同类型的坡体地层。若坡体包括不同的地层，应根据不同地层的厚度用加权平均的方法确定。应特别注意不利走向的节理。

（2）若存在不利地质条件，如不利走向的节理、高度风化的裂缝等，应给整个边坡一个最高的分数（如$D=40$）。若发现引起整个坡体强度降低的不利节理或软弱带，分数应采用下一不利级别的较高分数。若发现不利地质条件，用经验方法来判断边坡的稳定性可能并不足够，则可能需要进行详细计算来判断。

(E)项

（1）加固工程是指对边坡进行过的预应力锚杆、土钉、SNS防护网+锚杆等以提高边坡稳定安全系数为目的的工程措施，而日常养护所进行的生态植草、框格植草、挂网植草、喷浆防护、护面墙等只能作为边坡的护面措施，不能视其为边坡的加固措施。

（2）检查人员在充分收集资料的基础上，对已有加固工程相应项的分数按下表取值：

<table>
<tr><th>取值类别</th><th colspan="2">类别描述</th><th>取值分数</th></tr>
<tr><td>0</td><td colspan="2">无加固工程或已有加固工程无完备的勘察、设计、施工资料</td><td>0</td></tr>
<tr><td>1</td><td rowspan="3">有经验的专业技术人员审查边坡记录，认为已进行过的边坡加固工程：
（1）设计资料完备；
（2）施工记录充分，边坡加固施工已完全按照边坡加固设计进行</td><td>边坡加固工程以往进行过适当维护，基本完好</td><td>评估表格自动赋分，使边坡的风险分数RS=40，即TS=190，边坡属于Ⅰ类边坡</td></tr>
<tr><td>2</td><td>边坡加固工程可能局部失效（如锚头松裂、掉锚断梁等）</td><td>评估表格自动赋分，使边坡的风险分数RS=50，即TS=238，边坡属于Ⅱ类边坡</td></tr>
<tr><td>3</td><td>边坡加固工程破坏严重（如断锚毁梁等）</td><td>评估表格自动赋分，使边坡的风险分数RS=65，即TS=310，边坡属于Ⅲ类边坡</td></tr>
</table>

(F)项和(G)项

(F)项见表格内的说明。

(G1)项：高速公路的等级与分值除了与车流量有关外，需要考虑的更为重要的因素是此公路若发生滑坡，是否有同等标准、距离相近的公路来代替。若有可以代替的公路，则原公路的运输车辆因改道而不会受到很大影响，（G1）项的分值可取低值；若不存在可以替代的公路，则无论其车流量的多与少，（G1）项的分值应取大值。根据CICO旗下高速公路的分布特点，其每条重要高速公路均应取G_1=4。

(K)项

见表格内的说明。

浙江省交通投资集团有限公司
高速公路高边坡安全风险检查评价表附图（土质边坡）
（第 1 页　共 3 页）

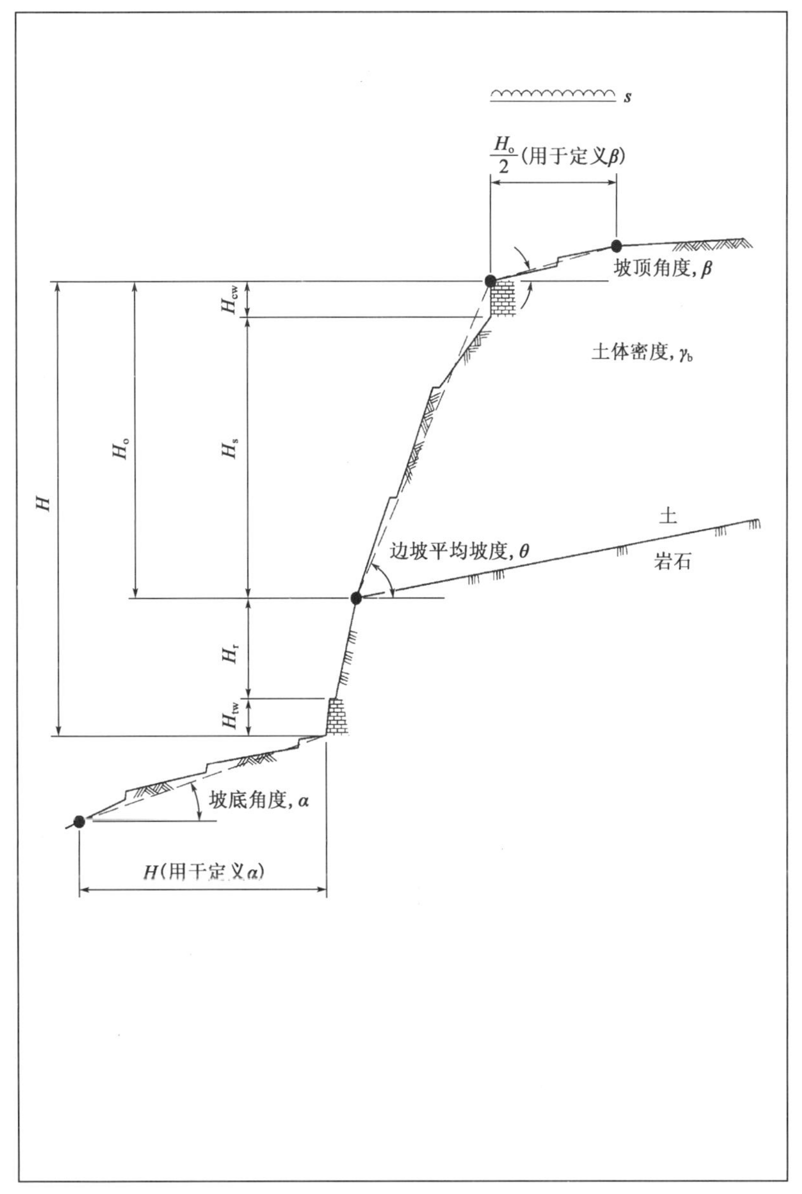

附图1　边坡断面几何特征

浙江省交通投资集团有限公司
高速公路高边坡安全风险检查评价表附图（土质边坡）
（第 2 页　共 3 页）

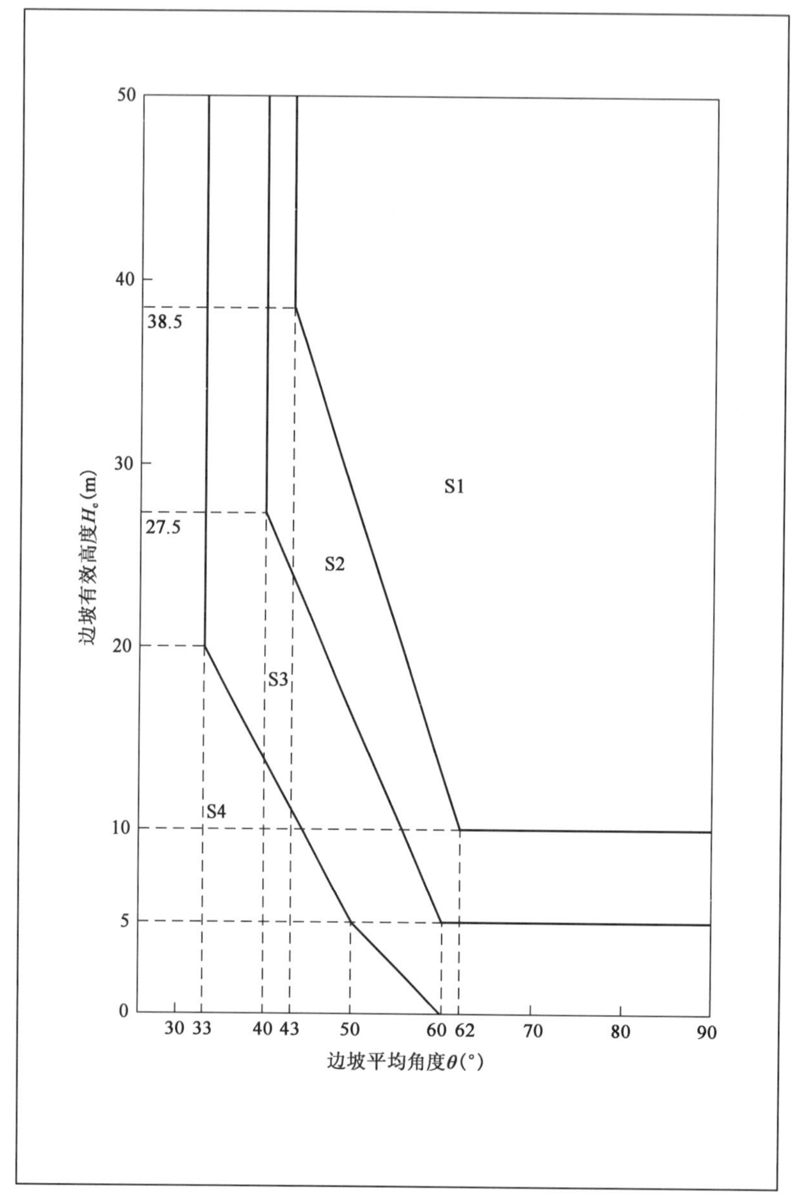

附图2　边坡断面几何特征分类

注：区域S1到S4的划分是根据香港特别行政区土力工程处（GEO）的统计数据得出。

浙江省交通投资集团有限公司
高速公路高边坡安全风险检查评价表附图（土质边坡）
（第 3 页　共 3 页）

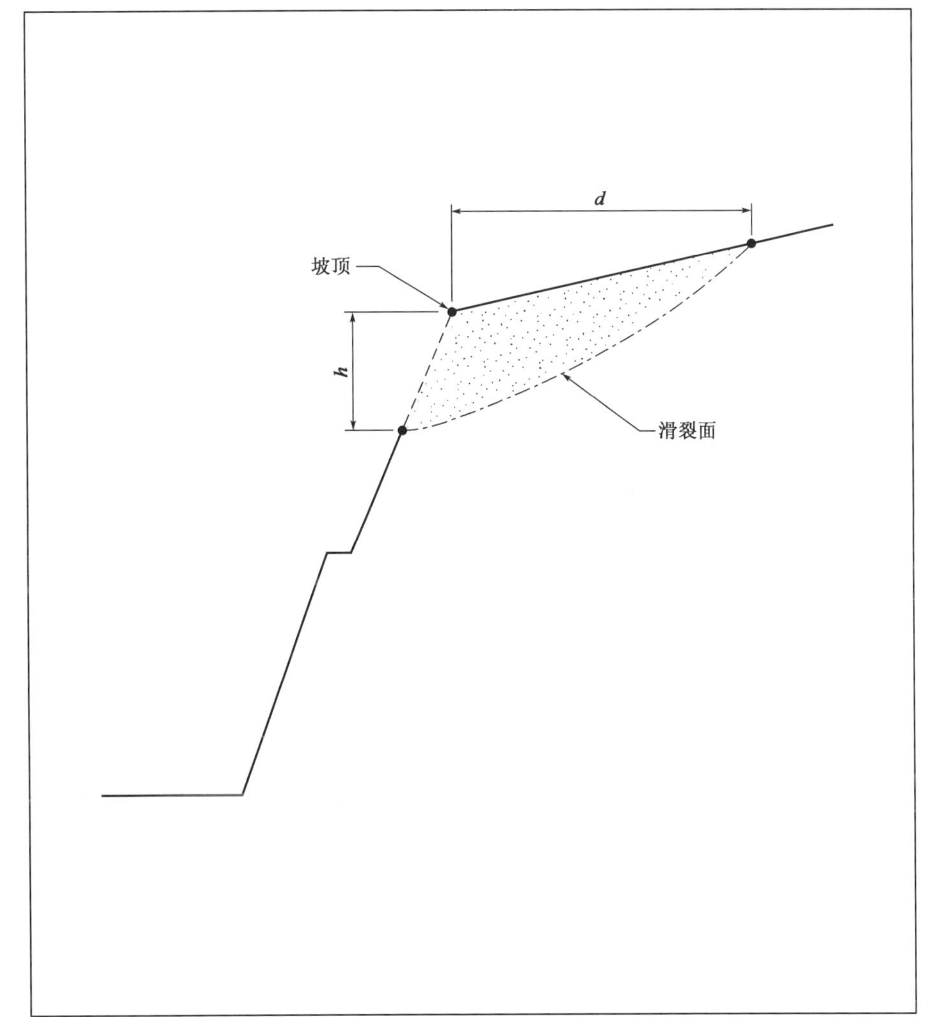

附图3　坡顶以上区域滑坡

注：若$d \geq h$，则认为滑坡体位于坡顶以上区域。

附录 B　高速公路岩质高边坡检查评价表

浙江省交通投资集团有限公司 高速公路高边坡安全风险检查评价表（岩质边坡） （第 1 页　共 8 页）		
高速公路：	位置（里程桩号）：　km+　m 边坡编号：	
稳定性因素		
因素	分类和描述	得分
边坡断面几何特征		
(A1)岩质边坡高度(H) m 边坡高度	(1) 0m ＜ H ≤ 20m (2) 20m ＜ H ≤ 40m (3) 40m ＜ H ≤ 60m (4) 60m ＜ H ≤ 80m (5) H ＞ 80m	10 25 40 50 60 A_1得分
(A2)岩质边坡角度(θ) ° 坡角 θ	(1) $\theta \leq 45°$ (2) $45° < \theta \leq 60°$ (3) $60° < \theta \leq 70°$ (4) $70° < \theta \leq 80°$ (5) $\theta > 80°$	5 10 25 35 40 A_2得分
(A3)坡顶有无集中荷载	集中荷载的形式（例如：建筑物基础等）	
边坡破坏模式		
(B1) 崩塌脱落	内倾不连续面，边坡破坏仅限于单独的悬空岩块或者小于5m³的孤立松散块的脱落	3.0 B_1得分
(B2) 倾倒破坏	主要的不连续面外倾且倾角大于坡角，与其垂直的不连续面切割产生的块体可能从边坡上倾倒破坏	3.0 B_2得分
(B3) 平面破坏	(1) 主要的不连续面走向、倾向与坡面基本一致，倾角小于坡角且5°≤倾角≤20° (2) 主要的不连续面走向、倾向与坡面基本一致，倾角小于坡角且21°≤倾角≤45° (3) 主要的不连续面走向、倾向与坡面基本一致，倾角小于坡角且＞45°	0.75 3.0 5.0 B_3得分
(B4) 楔体破坏	(1) 两组主要的不连续面的交线倾向坡面，倾角小于坡角且5°≤倾角≤20° (2) 两组主要的不连续面的交线倾向坡面，倾角小于坡角且21°≤倾角≤45° (3) 两组主要的不连续面的交线倾向坡面，倾角小于坡角且>45°	0.5 2.0 4.0 B_4得分
(B5) 破坏模式难以确定	有时岩质边坡经常被喷射混凝土等护面所覆盖，现场检查及通过资料收集均难以确定边坡破坏模式	4.0 B_5得分
岩体状况		
(C1) 岩体不连续面间距	(1) 平均不连续面间距≥2m (2) 1m≤平均不连续面间距＜2m (3) 0.5m≤平均不连续面间距＜1m (4) 0.2m≤平均不连续面间距＜0.5m (5) 平均不连续面间距＜0.2m (6) 因护面覆盖而难以确定不连续面间距时	0 5 10 20 30 15 C_1得分

浙江省交通投资集团有限公司
高速公路高边坡安全风险检查评价表（岩质边坡）
（第 2 页　共 8 页）

稳定性因素(续表)			
因素	种类和描述	得分	
（C2）不连续面结合程度（粗糙程度、充填物和张开度）	（1）粗糙、紧闭、未风化或微风化。 （2）较粗糙，裂隙张开度＜1mm （3）较粗糙，裂隙张开度1～5mm （4）较粗糙，裂隙张开度＜1mm，充填物强度差 （5）光滑，裂隙张开度1～5mm，充填物强度差 （6）光滑，裂隙张开度＞5mm，充填物强度差 （7）因护面覆盖而难以确定不连续面结合程度时 注：剥离、脱落破坏，C_2最大取10；倾倒破坏，C_2最大取20	0 10 20 30 40 50 25	C_2得分
（C3）不连续面的发育程度	（1）发育 （2）较发育 （3）不发育 （4）因护面覆盖而难以确定不连续面发育程度时 （5）对于崩塌脱落破坏	倾倒/平面破坏 30 15 0 15 0	楔体破坏 10 5 0 C_3得分
（C4）岩性与不连续面的类别	注明主要的岩石露头(凝灰岩、砂岩、泥岩等) 注明主要的不连续面种类（断层破碎带、节理、层理等）		
水的渗入			
（D1）排水系统	（1）排水设施充足，可排出坡顶和坡面水 （2）排水设施不能充分排出坡顶和坡面水 （3）没有排水设施 （4）在坡顶有集水区域并且/或者有水可能渗入裂隙	0 5 10 15	D_1得分
（D2）渗流	（1）在不连续面没有渗流痕迹 （2）在单个的岩石不连续面有轻微—中等渗流（流量＜$1m^3/d$） （3）在多个岩石不连续面有轻微— 中等渗流（流量＜$1m^3/d$）或者从单个岩石不连续面有严重渗流（流量≥$1m^3/d$） （4）在多个岩石不连续面中有严重渗流（流量≥$1m^3/d$）	0 5 10 15	D_2得分
破损情况/以往发生的滑坡			
（E1）破损情况	（1）没有表面松动的迹象 （2）局部表面松动或小的悬空岩块（$0.01m^3$＜体积＜$1m^3$） （3）边坡上有多处表面松动和小的悬空岩块。 （4）沿坡顶出现张拉裂缝 （5）有可能脱落的大的悬空岩块（体积＞$1m^3$）	0 5 15 25 30	E_1得分
（E2）以往发生的滑坡	（1）无以往滑坡的记录或可观察到的滑坡证据。 （2）观察到以往可能有滑坡发生（岩块和碎屑堆积在坡脚） （3）有记录的以往发生的滑坡（体积＜$50m^3$） （4）有记录的以往发生的滑坡（体积≥$50m^3$）	0 2 5 10	E_2得分

<table>
<tr><td colspan="4">浙江省交通投资集团有限公司
高速公路高边坡安全风险检查评价表（岩质边坡）
（第 3 页　共 8 页）</td></tr>
<tr><td colspan="4">失稳因素和破坏后果因素</td></tr>
<tr><td>因素</td><td>种类和描述</td><td colspan="2">得分</td></tr>
<tr><td colspan="4">以前是否进行过加固工程</td></tr>
<tr><td>（EJ）以前的加固工程类别</td><td>（1）无加固工程或加固工程无完备资料　（类别 0）
（2）有加固工程且资料完备（类别1、2、3，取值详见说明）</td><td></td><td>类别</td></tr>
<tr><td colspan="4">坡顶上的设施</td></tr>
<tr><td>（F1）高速公路沿线的高边坡坡顶基本为山体或建筑物</td><td>若坡顶为山体，则选0.1分
若坡顶有建筑物，则选0.5分</td><td>0.1
0.5</td><td>F_1得分</td></tr>
<tr><td colspan="2">（F2）坡顶到坡顶设施的距离（m）</td><td></td><td>米</td></tr>
<tr><td colspan="4">坡脚下的设施</td></tr>
<tr><td>（G1）高速公路的高边坡坡脚基本为高速路</td><td>（1）高速公路重要性：高　（如CICO的所有高速公路）
（2）高速公路重要性：中
（3）高速公路重要性：低　详见（G）项说明</td><td>4
2
1</td><td>G_1得分</td></tr>
<tr><td colspan="2">（G2）坡脚到坡脚设施的距离（m）</td><td></td><td>米</td></tr>
<tr><td colspan="4">坡顶以上及坡脚以下的地形特征</td></tr>
<tr><td>（J）岩质边坡以上及以下的地形特征</td><td>（1）坡顶以上地形角度<15°
坡脚以下地形角度<15°
（2）坡顶以上地形角度≥15°
坡脚以下地形角度<15°
（3）坡顶以上地形角度<15°
15°≤坡脚以下地形角度<30°
（4）坡顶以上地形角度<15°
坡脚以下地形角度≥ 30°
（5）坡顶以上地形角度＞15°
15°≤坡脚以下地形角度<30°
（6）坡顶以上地形角度＞15°
坡脚以下地形角度≥30°
（若坡顶为反坡，则按相应坡顶角度<15°项取值）</td><td>0
0.3
0.6
1.2
0.9
1.5</td><td>J得分</td></tr>
<tr><td>可能的滑坡规模</td><td colspan="3"></td></tr>
<tr><td>（K）滑坡规模</td><td>（1）通常情况下或滑坡规模难以确定
（2）根据现有资料或现场情况确可判定可能的滑坡规模小于50m^3
（3）根据现有资料或现场情况确可判定可能的滑坡规模大于500m^3</td><td>0.4
0.2
0.6</td><td>K得分</td></tr>
<tr><td colspan="4">滑坡后果系数</td></tr>
<tr><td>（V）破坏后果系数</td><td>（1）对于隧道口边坡（K=1.4）
（2）若发生滑坡，可能会造成　10人以上伤亡（K=1.25）
（3）若发生滑坡，可能会造成严重交通拥堵（K=1.25）
（4）可能会造成大面积滑坡（＞500m^3）（K=1.25）
（5）其他不属于上述（1）至（4）的边坡（K=1.0）</td><td>1.4
1.25
1.0</td><td>V得分</td></tr>
</table>

浙江省交通投资集团有限公司
高速公路高边坡安全风险检查评价表（岩质边坡）
（第 4 页　共 8 页）

分数计算

（1）对应破坏模式i的稳定性分数（IS_i）

$$IS_i = (A_1+A_2)+B\times(C_1+C_2+C_3+D_1+D_2)+(E_1+E_2)$$

注：（1）对于剥离、脱落破坏模式，C_2最大取10。
（2）对于倾倒破坏模式，C_2最大取20。

（2）对应破坏模式i的滑坡后果分数（CS_i）

$$CS_i = K\times(F+G)H\times V$$

其中：$F=F_1(\alpha\times H-F_2)/(\alpha\times H)$；　　$G=2\times G_1\times(\beta\times H-G_2)/(\beta\times H)$

注：（1）如果$H>30$m，对所有破坏后果分数计算公式中的H取30。
（2）如果F或G为负数，则取零值。

参数α、β可根据预测的滑坡大小（K）项及坡体上下地形特征（J）项通过下表来确定。

		K=0.2	K=0.4	K=0.6
α		0.5	0.8	1.0
β	J=0.0	0.5	1.0	1.3
	J=0.3	0.6	1.2	1.5
	J=0.6	0.7	1.4	1.7
	J=1.2	0.9	1.8	2.3
	J=0.9	0.8	1.6	2.0
	J=1.5	1.0	2.0	2.6

（3）总分数（TS）

$TS =$　　$IS\times CS / 100$　　$=$

浙江省交通投资集团有限公司
高速公路高边坡安全风险检查评价表（岩质边坡）
（第 5 页　共 8 页）

资料收集页

边坡编号：	
位置（里程桩号）：	

稳定性因素得分

破坏机理	难以确定	崩塌脱落	倾倒破坏	平面破坏	楔体破坏
因素	得分				
(A1)边坡高度					
(A2)平均边坡角度					
(A3)附加荷载					
(B)破坏模式					
(C1)不连续面间距					
(C2)不连续面结合程度					
(C3)不连续面的发育程度					
(C4)岩性与不连续面种类					
(D1)排水系统状况					
(D2)渗流状况					
(E1)破损情况					
(E2)以往发生的滑坡					
(EJ)已有加固工程的类别					
失稳分数 *IS*					

滑坡后果因素得分

破坏机理	难以确定	崩塌脱落	倾倒破坏	平面破坏	楔体破坏
因素	得分				
(F1)坡顶上的设施					
(F2)距坡顶距离					
(G1)坡脚下设施					
(G2)距坡脚距离					
(J)坡顶上及坡脚下地形特征					
(K)滑坡可能的规模					
(V)滑坡后果系数					
α					
β					
F					
G					
破坏后果分数 *CS*					

浙江省交通投资集团有限公司
高速公路高边坡安全风险检查评价表 （岩质边坡）
（第 6 页　共 8 页）

意见与建议：	边坡编号：
详述边坡病害和缺损的部位、面积（数量）、程度等，并在下页附以边坡的整体照片以及必要的病害和缺损照片 注： (1)喷射混凝土护面岩质边坡　是　否 (2)植被覆盖岩质边坡　是　否 (3)有/无安全通道至坡顶　有　无 (4)其他(详述边坡防控对策的意见与建议)	

检查日期：　　　检查人：　　　审查人：

浙江省交通投资集团有限公司 高速公路高边坡安全风险检查评价表 （岩质边坡） （第 7 页　共 8 页）	
平面图/断面图	边坡编号：

浙江省交通投资集团有限公司 高速公路高边坡安全风险检查评价表 （岩质边坡） （第 8 页 共 8 页）	
边坡照片记录（若必要的照片较多，可另行加页）	
描述：	日期：

浙江省交通投资集团有限公司
高速公路高边坡安全风险检查评价表说明（岩质边坡）
（第1页 共4页）

说明：

（A1）边坡高度

对于小型边坡，其高度可用皮尺来量测。对于大型边坡，其高度可用仪器来量测。

如果坡高随坡向不断变化，那么用于计算分数的边坡高度应该为有可能发生破坏模式附近区域的边坡高度。该断面定义为关键断面，不一定对应于最大边坡高度。

由于在计算失稳因素和破坏后果因素时均用到边坡高度，因此要特别注意坡高的合理和准确。如果没有可行的直接或间接测量手段，边坡高度应该通过参照其他物体，例如建筑物、路灯等来确定。

（A2）边坡角度

边坡角度指坡面平均角度，可从坡脚到坡顶量测得到。

（A3）坡顶集中荷载

注意坡顶集中荷载可能影响坡体稳定。

（B）边坡破坏模式

岩质边坡破坏模式包括：

（1）剥离、脱落；

（2）倾倒破坏；

（3）平面破坏；

（4）楔体破坏。

有时岩质边坡经常被喷射混凝土等护面所覆盖，如可能，检查人员应检查边坡上或附近的裸露岩石或在某个区域凿开一定面积的喷射混凝土护面，以收集岩石边坡软弱结构面数据，确定边坡的破坏模式以及岩体不连续面情况。

在实际边坡检查过程中，若边坡的破坏模式确实难以确定，可选择（B）项＝4.0、（C1）项＝15、（C2）项＝25、（C3）项＝15来进行评价。

若同一岩质边坡的不同断面其破坏模式不同，则每个断面都要给出一套单独、完整的*RS*评分，其中最大的*RS*作为此边坡的*RS*。

应拍摄明显不稳定松散岩块照片并附在照片记录页，以便将来分析或对比之用。

浙江省交通投资集团有限公司
高速公路高边坡安全风险检查评价表说明（岩质边坡）
（第2页 共4页）

（C1）不连续面间距

平均不连续面间距决定破坏模式，需要进行量测或估算。间距小的不连续面不利于边坡整体稳定。因护面覆盖而难以确定不连续面间距时，可选择（C1）项＝15。

（C2）不连续面的结合程度（粗糙程度、充填物及张开度）

应仔细检查不连续面的粗糙程度和充填物，以辨别其真实情况。因护面覆盖而难以确定不连续面结合程度时，可选择（C2）项＝25。

（C3）不连续面的发育程度

不连续面的发育程度应根据不连续面在岩石面暴露的长度来评价。对于单个不连续面，“发育”指的是长度＞5m，“较发育”指的是1m＜长度＜5m，“不发育”指的是长度＜1m。因护面覆盖而难以确定不连续面发育程度时，可选择（C3）项＝15。

（C4）岩性与不连续面的种类

岩石的主要岩性应根据区域地质图和现场情况来判断。

（D1）排水系统

在评价表面排水系统是否足够时，应考虑边坡的地形、汇水面积以及水文地质，这些因素可能引起地表水汇集于坡面或引起边坡地下水位的升高。应仔细检查，以便进行合理评价。

当评价排水沟是否足够时，要考虑排水沟是否能阻止水进入坡面。即使有排水沟，但表面水仍能进入坡面时，那么仍然认为排水沟不足。如果排水沟淤塞，应说明淤塞的严重程度。若坡面安装了排水孔，但排水孔淤塞或没有与节理相连，则仍认为排水孔是不足够的。若无检查通道，从而无法评价排水系统时，那么D_1=10。

（D2）渗流状况

若坡脚有冲刷痕迹或裂隙下有水迹，则意味着有渗流。若在边坡的节理中发现渗流，则应在平面图上标出其位置。“多个节理中有渗流”指在边坡上有多于一个的节理中发现渗流。当在旱季进行检查时，渗流状况可以根据渗水的痕迹来评定。

浙江省交通投资集团有限公司
高速公路高边坡安全风险检查评价表说明（岩质边坡）
（第3页　共4页）

(E)破损情况/以往发生的滑坡

进行工程师判断时，有关滑坡的证据非常重要。坡脚出现的碎石堆或松散块可以认为是破损的证据。在E1项中，小的悬空岩块指$0.01\mathrm{m}^3$＜岩块体积＜$1\mathrm{m}^3$，大的悬空岩块指岩块体积＞$1\mathrm{m}^3$。

若无至坡顶的通道，则应根据坡面上的松散块体或者悬空块体来进行破损评价。

若边坡、挡土结构、石块有明显的破损痕迹或现场发现或有记录的位移时，应立即报告业主采取措施。

“确定的以往滑坡”是指有文件记录的滑坡。

“可能的以往发生的滑坡”指无文件记录可以确定、但根据现场踏勘或其他有关信息可以推断出的滑坡。

若对以往发生的滑坡采取了有效的补强加固措施，此项取值为0。

(EJ)以前的加固工程

(1)加固工程是指对边坡进行过的预应力锚杆、土钉、SNS防护网+锚杆等以提高边坡稳定安全系数为目的的工程措施，而日常养护所进行的生态植草、框格植草、挂网植草、喷浆防护、护面墙等只能作为边坡的护面措施，不能视其为边坡的加固措施。

(2)检查人员在充分收集资料的基础上，对已有加固工程相应项的分数按下表取值：

<table>
<tr><th>取值类别</th><th colspan="2">类别描述</th><th>取值分数</th></tr>
<tr><td>0</td><td colspan="2">无加固工程或已有加固工程无完备的勘察、设计、施工资料</td><td>0</td></tr>
<tr><td>1</td><td rowspan="3">有经验的专业技术人员审查边坡记录，认为已进行过的边坡加固工程：
（1）设计资料完备；
（2）施工记录充分，边坡加固施工已完全按照边坡加固设计进行</td><td>边坡加固工程以往进行过适当维护，基本完好</td><td>评估表格自动赋分，使边坡的风险分数RS=40，即TS=200，边坡属于I类边坡</td></tr>
<tr><td>2</td><td>边坡加固工程可能局部失效（如锚头松裂、掉锚断梁等）</td><td>评估表格自动赋分，使边坡的风险分数RS=50，即TS=250,边坡属于II类边坡</td></tr>
<tr><td>3</td><td>边坡加固工程破坏严重（如断锚毁梁等）</td><td>评估表格自动赋分，使边坡的风险分数RS=65，即TS=325，边坡属于III类边坡</td></tr>
</table>

浙江省交通投资集团有限公司
高速公路高边坡安全风险检查评价表说明（岩质边坡）
（第 4 页　共 4 页）

（F、G）边坡顶上、脚下的设施

（F）项见表格内的说明。

（G1）项：高速公路的等级与分值除了与车流量有关外，需要考虑的更为重要的因素是此公路若发生滑坡，是否有同等标准、距离相近的公路来代替。若有可以代替的公路，则原公路的运输车辆因改道而不会受到很大影响，（G1）项的分值可取低值；若不存在可以替代的公路，则无论其车流量的多与少，（G1）项的分值应取大值。根据CICO旗下高速公路的分布特点，其每条重要高速公路均应取G_1=4。

（J）边坡顶上、脚下的地形特征

应对典型的断面用仪器进行测量或估算，并画出断面图。

（K）可能的滑坡规模

在可能的情况下，应尽可能多地收集有关滑坡规模的信息，对滑坡规模进行合理判断，进而选取合适的滑坡规模系数，以提高评估边坡风险分数RS的准确性。

（V）破坏后果系数

见表格内的说明。

注：

（1）边坡的断面几何特征可以根据测量图或简单的现场测量得到，其他参数需要有经验的岩土工程师来收集。

（2）若检查通道只能到达边坡的下部，节理间距以及节理状况（包括粗糙度和填充物等）可以根据能够检查到的节理情况来推断。

（3）对于大型的边坡，可以根据不同区域的滑坡模式和滑坡后果等来分区进行单独评分。

（4）若有检查通道通达坡顶，则对坡顶应进行仔细地检查，特别要注意坡顶的张裂缝以及地表排水等。但在实际中，由于安全的原因以及缺乏通道等，这并不容易做到。在这样的情况下，应采用本评价表中规定的缺省值。

（5）现场的照片应附在检查表格中，以便将来之用。若检查人员认为有必要，现场检查的草图也要附在检查表格中。

（6）边坡上可能失稳的块体都要进行详细检查，无论其体积大与小。

（7）应尽量寻找一切可能的检查通道，以便对边坡进行详细检查并收集一切必要的数据。若现场条件不允许，则应在检查表格中予以说明。

附录C 高速公路挡土墙检查评价表

浙江省交通投资集团有限公司
高速公路高边坡安全风险检查评价表（挡土墙）
（第1页 共7页）

高速公路：[ ]　　位置(里程桩号)：[ ] km+ [ ] m

边坡编号：[ ]

(A)边坡断面几何特征（参见附图1）

(1)H_w [ ] m

(2)H_r [ ] m

(3)H_s [ ] m

(4)β [ ] °

(5)θ_f [ ] °

(6)α [ ] °

(7)挡土墙墙顶超载，s [ ] kPa

(8)H_e/B_w= [ ]

(9)多级挡土墙的平均角度，θ= [ ] °

挡土墙/边坡高度

$H=H_s+H_r+H_w$ [ ] m

挡土墙有效高度

$H_e=H_w(1+0.35\tan\beta)+s/20$ [ ] m

(B)挡土墙高厚比(H_e/B_w)

(1)$4.2<H_e/B_w\leqslant5$ ○

(2)$3.5<H_e/B_w\leqslant4.2$ ○

(3)$2.8<H_e/B_w\leqslant3.5$ ○

(4)$2.0<H_e/B_w\leqslant2.8$ ○

(5)$H_e/B_w<2.0$ ○

(6)是否$H_e/B_w>5$ ○

类别	得分	
(1)	100	分
(2)	75	分
(3)	50	分
(4)	25	分
(5)	0	分
B		分
是/否*		

(C)挡土墙状况

(1)极严重的变形和/或破损 ○

(2)严重的变形和/或破损 ○

(3)中等程度的变形和/或破损 ○

(4)轻微的变形和破损 ○

对于高度>5m的不规则干砌石挡土墙，取$C=100$

类别	得分	
(1)	100	分
(2)	70	分
(3)	30	分
(4)	0	分
C		分

(D)挡土墙墙后材料

(1)填土或未知 ○

(2)坡积土、残积土、全风化或强风化岩石 ○

类别	得分	
(1)	1	分
(2)	0.7	分
D		分

浙江省交通投资集团有限公司
高速公路高边坡安全风险检查评价表（挡土墙）
（第 2 页　共 7 页）

高速公路：　　　　位置（里程桩号）：　　　　km +　　　　m

边坡编号：

(E)水的渗入

项目	选择	类别	得分	
(E1)墙顶区域水渗入		类别	得分	
(1)墙顶区域基本无护面	○	(1)	15	分
(2)墙顶区域部分有护面	○	(2)	10	分
(3)墙顶区域均有护面	○	(3)	0	分
		E_1		分
(E2)表面排水		类别	得分	
(1)墙顶上基本无排水设施，且墙顶以上区域的地表水汇聚于挡土墙	○	(1)	15	分
(2)墙顶上基本无排水设施	○	(2)	10	分
(3)墙顶上有排水设施但规模和数量不足	○	(3)	5	分
(4)墙顶上有充足的排水设施	○	(4)	0	分
		E_2		分
(E3)输水设施		类别	得分	
(1)存在可能产生渗漏的输水设施且发现有渗漏迹象	○	(1)	15	分
(2)存在可能产生渗漏的输水设施但尚未发现有渗漏迹象	○	(2)	10	分
(3)无可能产生漏水的输水设施	○	(3)	0	分
		E_3		分
(E4)渗流		类别	得分	
(1)在半墙高或以上部位有严重渗流（流量≥1m³/d）	○	(1)	15	分
(2)在半墙高或以上部位有轻微—中度渗流（流量<1m³/d），或半墙高以下部位有严重渗流（流量≥1m³/d）	○	(2)	10	分
(3)在半墙高以下部位有轻微—中度渗流(流量<1m³/d)，或墙面发现渗流痕迹	○	(3)	5	分
(4)无渗流痕迹	○	(4)	0	分
		E_4		分
墙体排水形式　泄水孔/排水管/无*				
(F) 挡土墙类型		类别	得分	
(1)浆砌石挡土墙	○	(1)	30	分
(2)砖墙	○	(2)	20	分
(3)带连续梁的浆砌石挡土墙或砖墙	○	(3)	10	分
(4)混凝土挡土墙	○	(4)	0	分
(5)其他（需说明：__________）	○	(5)		分
		F		分
是否有证据显示挡土墙曾被加高过？		有/没有*		
浆砌石挡土墙高度>5 m		是/否*		

浙江省交通投资集团有限公司
高速公路高边坡安全风险检查评价表（挡土墙）
（第 3 页 共 7 页）

高速公路：[ ]　　位置（里程桩号）：[ ] km + [ ] m
边坡编号：[ ]

（G）以往的失稳记录

确定的以往失稳	G_1		可能的以往失稳	G_2		$G=G_1$或G_2（取两者中较大值）
○ 整体性失稳	10	分	○ 整体性失稳	7	分	
○多次局部失稳或结构性失稳	5	分	○ 多次局部失稳或结构性失稳	3	分	
○ 局部失稳	2	分	○ 局部失稳	1	分	
○ 仅有结构性失稳	2	分	○ 仅有结构性失稳	1	分	
○ 无失稳	0	分	○ 无失稳	0	分	***G*** [ ] 分

（J）墙脚下自然山坡的平均角度

	角度	得分	
（1）$\alpha>35°$	（1）	60	分
（2）$25°<\alpha\leqslant35°$	（2）	30	分
（3）$15°<\alpha\leqslant25°$	（3）	15	分
（4）$\alpha\leqslant15°$	（4）	0	分
如果墙脚下无自然山坡取，$J=0$	***J***		分

（K）墙顶设施

	组别	得分K_1	
（1）下挡墙 （a）若墙顶高速公路重要性：高（如 CICO 高速公路），则选第1组（4分）	1	4	分
（b）若墙顶高速公路重要性：中，则选第2组（2分）	2	2	分
（c）若墙顶高速公路重要性：低，则选第 3 组（1分）	3	1	分
（2）上挡墙 （a）若墙顶为建筑物，则选第4组（0.5分）	4	0.5	分
（b）若墙顶为山体，则选第5组（0.1分）	5	0.1	分
组别：[ ]	K_1		分
墙顶设施距墙顶的距离，K_2 [ ] m	K_2		m

（L）墙脚设施

	得分L_1			
（1）下挡墙 （a）若墙脚为建筑物，则选第3组(4分)	1	0.5	4	3
（b）若墙脚为其他公路，则选第1组（0.5分）	2	0.1	2	4
（c）若墙脚为山体，则选第2组(0.1分)			1	5
（2）上挡墙 （a）若墙脚高速公路重要性：高，则选第3组（4分）				
（b）若墙脚高速公路重要性：中，则选第4组（2分）				
（c）若墙脚高速公路重要性：低，则选第5组（1分）	L_1			分
墙脚设施距墙脚的距离，L_2	L_2			m

（M）墙顶上及墙脚下地形特征

		组别	得分	
（1）墙顶以上地形角度$\beta<35°$且墙脚以下地形角度$\alpha<15°$	○	（1）	0	分
（2）墙顶以上地形角度$\beta\geqslant35°$	○	（2）	0.3	分
（3）墙脚以下地形角度 $15°\leqslant\alpha<30°$	○	（3）	0.6	分
（4）墙脚以下地形角度 $\alpha\geqslant30°$	○	（4）	1.2	分
（5）同时满足条件（2）和（3）	○	（5）	0.9	分
（6）同时满足条件（2）和（4）	○	（6）	1.5	分
		M		分

浙江省交通投资集团有限公司
高速公路高边坡安全风险检查评价表（挡土墙）
（第 4 页 共 7 页）

高速公路：　　　位置（里程桩号）：　　km +　　m
边坡编号：

(N)滑坡后果系数	
(1)对于隧道口边坡 （K=1.4） (2)若发生滑坡，可能会造成10人以上伤亡（K=1.25); (3)若发生滑坡，可能会造成严重交通拥堵（K=1.25); (4)可能会造成大面积滑坡（>500m³）（K=1.25); (5)其他不属于上述（1）至（4）的边坡 （K=1.0）	得分 N ＿＿ 分
分数计算	
(1)稳定性分数（IS） $IS=(B\times D)+C+E_1+E_2+E_3+E_4+F+G+J$ 注：(a)如果$H_e/B_w>5$, 对任意类型的挡土墙[$(B\times D)+C$]皆取200 (b)对于高度>5m的不规则干砌石挡土墙，取C=100	IS ＿＿ 分 $(B\times D)+C$ ＿＿
(2)滑坡后果分数(CS) $CS=2N(K+L^*)V$	CS ＿＿ 分
其中： $K=K_1[(1.2H_w-K_2)/(1.2H_w)]\geqslant 0$ $L^*=2L_1\{[(2+M)H-L_2]/[(2+M)H]\}\geqslant 0$ $V=\gamma H_w$	K ＿＿ L^* ＿＿ V ＿＿
注：(a)若为整体滑坡，则$\gamma=1.0$； 若为局部滑坡，则$\gamma=0.7$； 若为微小滑坡，则$\gamma=0.4$。 (b)若H_w>20m，计算V时取H_w=20m。	γ ＿＿
(3)总评分(TS) $TS=IS\times CS/100$	TS ＿＿ 分
注：	
(1)墙后材料是中风化到未风化的岩石　　是/否 (2)$\theta_f<75°$　　是/否 (3)其他 (请详细说明)	

浙江省交通投资集团有限公司
高速公路高边坡安全风险检查评价表(挡土墙)

（第 5 页　共 7 页）

高速公路：		位置（里程桩号）：	km +	m
		边坡编号：		

详述边坡病害和缺损的部位、面积（数量）、程度等，并在下页附以边坡的整体照片以及必要的病害和缺损照片

意见与建议

边坡防控的处理意见与建议

浙江省交通投资集团有限公司
高速公路高边坡安全风险检查评价表(挡土墙)
（第 6 页　共 7 页）

高速公路：		位置(里程桩号)：		km＋		m
		边坡编号：				

挡土墙平面图及断面图

<table>
<tr><td colspan="4">浙江省交通投资集团有限公司
高速公路高边坡安全风险检查评价表（挡土墙）
（第 7 页　共 7 页）</td></tr>
<tr><td>高速公路：</td><td></td><td>位置（里程桩号）：
边坡编号：</td><td>km + 　m</td></tr>
<tr><td colspan="4">挡土墙照片（若必要的相片较多，可另行加页）</td></tr>
<tr><td colspan="4"></td></tr>
<tr><td>检查日期：</td><td colspan="2">检查人：</td><td>审查人：</td></tr>
</table>

浙江省交通投资集团有限公司
高速公路高边坡安全风险检查评价表说明（挡土墙）
（第 1 页　共 3 页）

说明：

（A）项和（B）项

（1）挡土墙断面几何特征各参数的含义见附图1。

（2）墙体表面平均倾角$\theta_f \geq 75°$时，按挡土墙处理，否则应视为边坡的面层。

（3）墙顶超载处理：

①若墙顶上是浅基础的民用建筑，每层等效超载为10kPa；若为其他形式建筑，则按实际情况确定。

②墙顶为高速公路时，超载按20kPa考虑。

③墙顶为人行道时，等效超载为5kPa。

（4）对于多级挡土墙，如果平均角度$\theta \geq 60°$（θ的含义见附图1），则作为一个整体考虑；否则应按独立的挡土墙处理。

（C）项

（1）挡土墙变形程度按下表进行分类。

变形类别	墙体变形	墙体位移
轻微变形	①墙顶水平向连续裂的缝宽度小于墙高的0.1% ②墙体竖向裂缝宽度小于0.1%h，h是测点高度到墙脚的高度	肉眼很难观察到墙体位移
中等变形	上述裂缝宽度在0.1%h～0.2%h范围内	肉眼可观察到墙体轻微位移
严重变形	上述裂缝宽度在0.2%h～0.6%h范围内	墙体位移小于从墙脚处引出的垂直线，或位移量≤75mm
极严重变形	上述裂缝宽度大于0.6%h	墙体位移超过从墙脚处引出的垂直线，或位移量＞75mm
注：由于不同类型的挡土墙确定变形的难易程度有所不同，所以应用本表格时，工程师的判断相当关键。本表对变形程度的分类仅供参考，不是绝对标准。		

（2）挡土墙轻微破损是指整个墙体状况基本良好，变形轻微；中等破损是指小部分砂浆脱离或墙体局部出现中等变形；严重破损则是指部分墙体出现脱落或严重变形；超严重破损是指大部分墙体脱落或产生极严重变形。

（3）评估过程中，需要判断挡土墙的破损（如裂缝）是否是由于挡土墙施工或者维护不足造成的，如果是后者，不应作为破损看待，但需对挡土墙进行维护。如果不能确定破损的成因，则评估按较为保守的情况进行。

（E）项

（E1）项

（1）“墙顶区域基本有护面”是指有75%以上的墙顶区域有护面；“墙顶区域部分有护面”是指有25%～75%的墙顶区域有护面；而“墙顶区域基本无护面”则是指不足25%的墙顶区域有护面。

（2）墙顶区域是指墙顶以外H/2水平距离内的区域。

（3）如果墙顶区域内存在积水洼地，则本级评分提高一级取值。

浙江省交通投资集团有限公司
高速公路高边坡安全风险检查评价表说明（挡土墙）
（第 2 页　共 3 页）

(E2)项

(4) 对表面排水项进行评估时，应考虑现场地形、积水面积和周围环境等因素。

(E3)项

(5)在本项评估之前应进行现场踏勘。

(6)应考虑墙顶外一倍墙高范围内所有可能在渗漏时对挡土墙产生不良影响的输水设施，不过评估时也要做到具体情况具体分析。如果排水设施已经采取了合理的保护设施且不可能产生渗漏，则这些排水设施应视为无“潜在渗漏”威胁。

(E4)项

(7)如果现场踏勘是在旱季进行的，那么渗流评估时应采取较为保守原则进行（考虑雨季影响）。

(8)评估时应考虑挡土墙所处的位置以及是否存在引起水位上升的水文地质条件(例如溪流)，或有证据显示坡顶以上地下水位较高（如坡顶有特别为茂盛的植被）。

(F)项

判断挡土墙是否有过加高时，需要注意观察挡土墙的上下部分的类型，建筑工艺和用料是否相同。

(G)项

(1)确定挡土墙是否发生过失稳时，除了尽量收集现有资料外，还要进行现场踏勘。

(2)整体性失稳是指失稳波及整个墙体及墙后的土体。局部性失稳是指失稳波及部分墙体和土体。结构性失稳只是使挡土墙结构破坏而墙后土体无变形。

(3)“确定的以往失稳”是指有文件记录的失稳。

(4)“可能的以往发生的失稳”指无文件记录可以确定，但根据现场踏勘或其他有关信息可以推断出的失稳。

(5)若对以往发生的失稳采取了有效的补强加固措施，此项取值为0。

(J)项

判断墙脚以下是否有自然边坡要由现场踏勘确定，墙脚下自然边坡的平均坡角可参照附图1所示的方法确定。

(K)项和(L)项

(K)项和(L)项：高速公路的等级与分值除了与车流量有关外，需要考虑的更为重要的因素是此公路若发生滑坡，是否有同等标准、距离相近的公路来代替。若有可以代替的公路,则原公路的运输车辆因改道而不会受到很大影响，(K)项和(L)项的分值可取低值；若不存在可以替代的公路，则无论其车流量的多与少，(K)项和(L)项的分值应取大值。根据CICO旗下高速公路的分布特点，当墙顶或墙脚为高速公路时，K或L=4。

(N)项

(1)大体积滑坡是指滑坡体的体积超过500m^{3}的滑坡。

(2)另外，滑坡可能造成重大伤亡事故时，破坏后果系数要提高25%。

浙江省交通投资集团有限公司
高速公路高边坡安全风险检查评价表说明（挡土墙）
（第 3 页　共 3 页）

评分统计

对于挡土墙，除非特殊情况，γ一般取1.0。需要注意的是，只有在挡土墙高度超过20m时，破坏后果系数才会取到最大值。

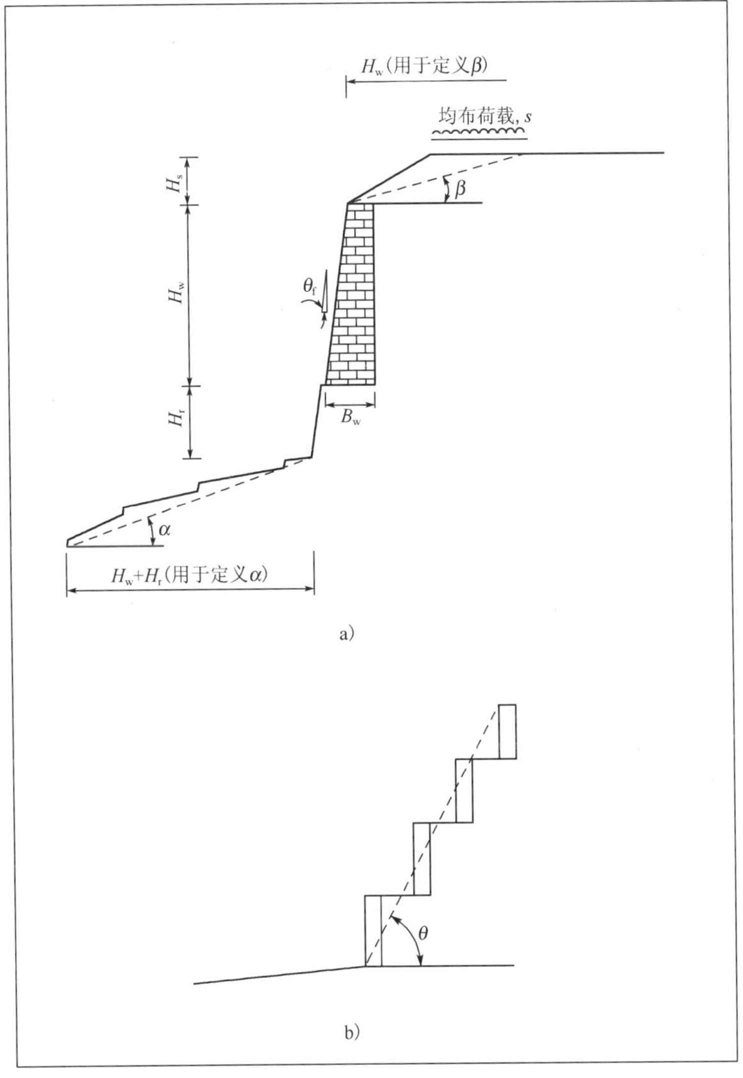

附图1　挡土墙断面图

a)挡土墙断面图；b)多级挡土墙

参 考 文 献

[1] GB 50021—2001 岩土工程勘察规范[S]. 北京:中国建筑工业出版社,2009.

[2] TB 10027—2012 铁路工程不良地质勘察规程[S]. 北京:中国铁道出版社,2012.

[3] GJB 5055—2006 土钉支护技术规范[S]. 北京:人民交通出版社,2007.

[4] JTG C20—2011 公路工程地质勘察规范[S]. 北京:人民交通出版社,2011.

[5] SL 386—2007 水利水电边坡工程设计规范[S]. 北京:中国电力出版社,2007.

[6] DG/T 5255—2010 水电水利工程边坡施工技术规范[S]. 北京:中国电力出版社,2011.

[7] TB 10025—2006 铁路路基支挡结构设计规范[S]. 北京:中国铁道出版社,2009.

[8] JGJ/T 182—2009 锚杆锚固质量无损检测技术规程[S]. 北京:中国建筑工业出版社,2009.

[9] TB 10025—2006 铁路路基支挡结构设计规范[S]. 北京:中国铁道出版社,2009.

[10] 海鹰,胡甜,赵健. 基于 AHP 的岩质高边坡风险评估指标体系[J]. 中南大学学报,2012,43(7):2861-2868.

[11] 佴磊,徐燕,代树林,等,边坡工程[M]. 北京:科学出版社,2010.

[12] 唐忠林,张鲲鹏,段茶芹. 公路路堑边坡冲刷形成条件探讨[J]. 公路,2010(5):218-219.

[13] 王伟,肖盛燮,王子健,等. 土质路基边坡坡面冲刷稳定的模糊综合评判方法及应用[J]. 交通标准化,2010(13).

[14] 施青青. 高速公路养护管理信息系统研究[D]. 南京:南京航空航天大学,2010.

[15] 陈开圣,高阳. 贵阳黄果树高速公路边坡防护效果调查与分析[J]. 贵州大学学报,2010,27(5):99-104.

[16] 张玉芳,王春生,张从明. 边坡病害及治理工程效果评价[M]. 北京:科学出版社,2009.

[17] 刘光东. 高速公路高边坡预应力锚索长期维护浅析[J]. 公路交通技术,2009(1):5-8.

[18] 洪清源,钟恩扬. 高速公路构造物管养信息系统开发[J]. 公路交通技术,2009(10):160-163.

[19] 杨彩芸,沈波,雷涛. 襄十高速公路边坡 GIS 养护管理系统的开发[J]. 路基工程,2009,6:36-37.

[20] 房锐. 公路边坡治理工程效果评价系统研究[D]. 北京:中国铁道科学研究院,2009.

[21] 毛小敏. 高速公路路堑高边坡稳定性评价及处治技术研究[D]. 武汉:武汉理工大学,2008.

[22] 王浩,廖小平,等. 三福高速公路 K201 滑坡病害的应急工程效果与根治工程对策[J]. 中国地质灾害与防治工程学报,2007,18(2).

[23] 郑颖人,陈祖煜,王恭先,等. 边坡与滑坡工程治理[M]. 北京:人民交通出版社,2007.

[24] DZ/T 0218—2006 滑坡防治工程勘察规范[S]. 北京:中国标准出版社,2006.

[25] DZ/T 0219—2006 滑坡防治工程设计与施工技术规范[S]. 北京:中国标准出版社,2006.

[26] DZ/T 0220—2006 泥石流灾害防治工程勘察规范[S]. 北京:中国标准出版社,2006.

[27] DL/T 5353—2006 水电水利工程边坡设计规范[S]. 北京:中国电力出版社,2006.
[28] TB 10001—2005 铁路路基设计规范[S]. 北京:中国铁道科学出版社,2005.
[29] CECS22:2005 岩土锚杆(索)技术规程[S]. 北京:中国计划出版社,2005.
[30] 李家春. 公路边坡降雨灾害评价方法与指标研究[D]. 西安:长安大学,2005.
[31] 李志英. 重庆市国省干线公路抗灾能力评价研究[D]. 重庆:重庆交通学院,2005.
[32] 王恭先,徐峻岭,刘光代,等. 滑坡学与滑坡防治技术[M]. 北京:中国铁道科学出版社,2004.
[33] 汪益敏. 路基边坡坡面冲刷特性与加固材料性能研究[J]. 岩石力学与工程学报,2004,23(4):708.
[34] 赵允辉. 危岩崩塌地质灾害调查评价与防治[J]. 中国地质灾害与防治学报,2004,15(z1):33-38.
[35] DL/T 5083—2004 水电水利工程预应力锚索施工规范[S]. 北京:中国电力出版社,2004.
[36] JTG D30—2004 公路路基设计规范[S]. 北京:人民交通出版社,2004.
[37] DZ/T 0239—2004 泥石流灾害防治工程设计规范[S]. 北京:中国标准出版社,2004.
[38] 廖小平. 类土质路堑边坡变形破坏类型及其锚固工程对策研究[J]. 岩石力学与工程学报,2003,22(supp. 2):2765-2772.
[39] 廖小平. 福建龙岩地区公路滑坡灾害规律及其防治工程对策[J]. 岩石力学与工程学报,2003,22(增2):2751-2758.
[40] 杨志法,王思敬,等. 岩土工程反分析原理与应用[M]. 北京:地震出版社,2002.
[41] GB 50330—2002 建筑边坡工程技术规范[S]. 北京:中国建筑工业出版社,2002.
[42] 徐邦栋. 滑坡分析与防治[M]. 北京:中国铁道科学出版社,2001.
[43] GB 50086—2001 锚杆喷射混凝土支护技术规范[S]. 北京:中国计划出版社,2001.
[44] 靳晓光,王兰生,沈军辉. 岩土工程监测在地质灾害评价预测中的应用[J]. 成都理工学院学报,2000,27(supp):217-220.
[45] 马永潮. 滑坡整治及防护工程养护[M]. 北京:中国铁道出版社,1998.
[46] JTG/T D33—2012 公路排水设计规范[S]. 北京:人民交通出版社,2013.
[47] EHoek,JWBray. 岩石边坡工程[M]. 卢世宗,等译. 北京:冶金工业出版社,1983.